Léopold Guyot

Connaître Dieu - Tome II

Léopold Guyot

Connaître Dieu - Tome II

La connaissance indispensable

Éditions Croix du Salut

Impressum / Mentions légales
Bibliografische Information der Deutschen Nationalbibliothek: Die Deutsche Nationalbibliothek verzeichnet diese Publikation in der Deutschen Nationalbibliografie; detaillierte bibliografische Daten sind im Internet über http://dnb.d-nb.de abrufbar.
Alle in diesem Buch genannten Marken und Produktnamen unterliegen warenzeichen-, marken- oder patentrechtlichem Schutz bzw. sind Warenzeichen oder eingetragene Warenzeichen der jeweiligen Inhaber. Die Wiedergabe von Marken, Produktnamen, Gebrauchsnamen, Handelsnamen, Warenbezeichnungen u.s.w. in diesem Werk berechtigt auch ohne besondere Kennzeichnung nicht zu der Annahme, dass solche Namen im Sinne der Warenzeichen- und Markenschutzgesetzgebung als frei zu betrachten wären und daher von jedermann benutzt werden dürften.

Information bibliographique publiée par la Deutsche Nationalbibliothek: La Deutsche Nationalbibliothek inscrit cette publication à la Deutsche Nationalbibliografie; des données bibliographiques détaillées sont disponibles sur internet à l'adresse http://dnb.d-nb.de.
Toutes marques et noms de produits mentionnés dans ce livre demeurent sous la protection des marques, des marques déposées et des brevets, et sont des marques ou des marques déposées de leurs détenteurs respectifs. L'utilisation des marques, noms de produits, noms communs, noms commerciaux, descriptions de produits, etc, même sans qu'ils soient mentionnés de façon particulière dans ce livre ne signifie en aucune façon que ces noms peuvent être utilisés sans restriction à l'égard de la législation pour la protection des marques et des marques déposées et pourraient donc être utilisés par quiconque.

Coverbild / Photo de couverture: www.ingimage.com

Verlag / Editeur:
Éditions Croix du Salut
ist ein Imprint der / est une marque déposée de
AV Akademikerverlag GmbH & Co. KG
Heinrich-Böcking-Str. 6-8, 66121 Saarbrücken, Deutschland / Allemagne
Email: info@editions-croix.com

Herstellung: siehe letzte Seite /
Impression: voir la dernière page
ISBN: 978-3-8416-9846-9

Copyright / Droit d'auteur © 2012 AV Akademikerverlag GmbH & Co. KG
Alle Rechte vorbehalten. / Tous droits réservés. Saarbrücken 2012

Connaître Dieu

La connaissance indispensable

Volume 2

Table des Matières

Introduction 4
Chapitre 1 - Aimer ou Craindre Dieu.. 5
   La frayeur de Dieu... 7
   La crainte du Dieu saint.. 9
   La peur du châtiment.. 11
   Tes péchés sont pardonnés... 12
   Recevoir le pardon de Dieu avec confiance.. 14
   L'amour parfait bannit la crainte.. 16
   Une crainte respectueuse... 18
   Le respect 20
     Conclusion.. 23
Chapitre 2 - L'intimité avec Dieu... 24
   L'intimité avec Dieu est spirituelle. 25
Chapitre 3 - L'amour du Monde 28
   Bateau dans la mer ou mer dans le bateau ?.. 29
Chapitre 4 - Dieu est bon... 33
Chapitre 5 - Dieu est fidèle 39
   Louons Dieu pour sa fidélité... 41
   Dieu est un rocher... 42
   Il est le rocher ses œuvres sont parfaites.. 43
   Dieu, une tour forte.. 45
   Un bouclier, une cuirasse.. 46
     Conclusion.. 48
Chapitre 6 - Le regard de Dieu... 50
 Chapitre 7 - Le regard de Dieu sur le Monde... 52
Chapitre 8 - Le regard de Dieu sur chacun... 58
   Comment Dieu voit-il ceux qui ont cru en Jésus-Christ ? 61
   Nous sommes maintenant enfants de Dieu : 1 Jean 3:2. 63
Chapitre 9 - Le regard de Dieu sur l'Eglise.. 65
   Dieu voit l'Eglise... 68
   Les églises... 69
   La vision de Dieu.. 70
Chapitre 10 - Le regard de Dieu sur toi et moi 72
   Comment Dieu voit-il mes péchés ?... 76
   Dieu nous regarde comme ses enfants.. 77
   Dieu nous regarde avec miséricorde... 78

Introduction

Avec le volume 2 de "Connaître Dieu" nous découvrons un Dieu qui désire être proche des êtres humains.

> ... lui qui donne à tous la vie, la respiration, et toutes choses. Il a fait que tous les hommes, sortis d'un seul sang, habitassent sur toute la surface de la terre, ayant déterminé la durée des temps et les bornes de leur demeure; il a voulu qu'ils cherchassent le Seigneur, et qu'ils s'efforçassent de le trouver en tâtonnant, bien qu'il ne soit pas loin de chacun de nous, car en lui nous avons la vie, le mouvement, et l'être. Actes 17.26

Comme nous le lirons dans les chapitres suivants Dieu a mis en œuvre son programme pour établir entre lui et nous une relation de réconciliation et de paix, de laquelle la crainte est bannie.

Non seulement nous pouvons venir vers lui avec confiance pour être sauvés, secourus et soutenus, mais Il désire aussi que nous le connaissions intimement, qu'il y ait entre Lui et nous un échange de sentiments affectueux afin que nus l'aimions comme il nous aime.

La connaissance de Dieu nous amène à découvrir la nature de Celui qui veut devenir un Père pour ceux qui croient en Lui et en son fils Jésus, un père dont la bonté et la fidélité ne se démentent jamais, un Père attentif à toutes les situations et les circonstances de notre vie.

Il est aussi désireux que le plus grand nombre d'hommes et de femmes connaissent son amour révélé et manifesté en Jésus-Christ le Sauveur de monde. Jean 3.16

Chapitre 1 - Aimer ou Craindre Dieu

Dans un précédent article de pasteurweb, je vous ai parlé de "La crainte de Dieu". Ce sujet donne lieu à des interprétations diverses dont certaines créent la peur de Dieu.

Les religions ont toujours utilisé la peur et l'ignorance pour dominer sur leurs fidèles. Des foules apportent à leurs dieux, enfin à leurs prêtres, toutes sortes d'offrandes et de sacrifices pour gagner la faveur des divinités, échapper à leur courroux et obtenir leur protection.

Des personnes entendant ou lisant ça et la des enseignements souvent contradictoires à ce sujet m'ont fait part de leur perplexité. C'est pourquoi je reprends et complète l'article déjà paru afin d'aider à mieux comprendre ce qu'il en est en examinant les Ecritures et en comparant les différents passages qui semblent s'opposer.

Comme je le disais à un ami qui visite régulièrement notre site : Un seul verset ne suffit pas pour établir une doctrine. Il faut toujours replacer les passages de la Bible dans leur contexte, les confronter et les associer les uns aux autres afin d'en bien comprendre le sens. C'est la méthode utilisée par pasteurweb dans toutes ses études et réflexions.ns. C'est la méthode utilisée par pasteurweb dans toutes ses études et réflexions.

Il y a plusieurs sortes de craintes :

La crainte du gendarme, qui se rapporte plus à la peur de la contravention, c'est à dire du châtiment de la faute commise. Cela peut-être une crainte salutaire en ce sens qu'elle modère nos excès de conduite sur la route.

On rencontre aussi cette même crainte du châtiment au regard des lois d'un pays, des magistrats et des juges qui sont établis pour les faire respecter. Cette crainte est légitime, mais il est aussi précisé que notre soumission aux autorités doit être plus un motif de conscience que de crainte :

> *Ce n'est pas pour une bonne action, c'est pour une mauvaise, que les magistrats sont à redouter. Veux-tu ne pas craindre l'autorité? Fais-le bien, et tu auras son approbation.*
>
> *Le magistrat est serviteur de Dieu pour ton bien. Mais si tu fais le mal, crains; car ce n'est pas en vain qu'il porte l'épée, étant serviteur de Dieu pour exercer la vengeance et punir celui qui fait le mal.*
>
> *Il est donc nécessaire d'être soumis, non seulement par crainte de la punition, mais encore par motif de conscience. Romains 13:3-5*

Dans le domaine religieux beaucoup servent leurs dieux par peur de leur colère. Cet état d'esprit se rencontre aussi, hélas, parmi les chrétiens qui vivent souvent dans la crainte du châtiment plutôt que dans une relation de foi et d'amour avec leur Père céleste ...

Ceux qui sont devenus enfants de Dieu par la foi en Jésus-Christ découvrent en lui un Père compatissant, bon et miséricordieux. Ils le servent alors par amour, reconnaissance et joie.

La "crainte de Dieu" n'est plus la peur ou la frayeur que la sévérité de ses jugements inspire, mais un saint respect pour le Dieu Tout Puissant, très saint, infiniment grand, qui est devenu notre Dieu Sauveur par le don de son Fils bien-aimé.

En fonction de ce que nous pouvons observer à partir des Ecritures Saintes, la Bible, il existe trois formes de crainte à l'égard de Dieu.

. la crainte ou frayeur devant certaines manifestations de sa gloire.

. la crainte ou la peur du châtiment éprouvée à cause d'une faute, péché ou transgression.

. la crainte respectueuse envers Dieu, comme le respect d'un enfant à l'égard de son père.

Bien comprendre cette différence est fondamental si nous voulons établir avec Dieu notre Père céleste une relation sereine, paisible, confiante et heureuse.

Dieu reproche aux incrédules de ne pas le craindre, c'est à dire de ne pas lui rendre l'honneur respectueux qui lui est dû. En général les gens impies méprisent Dieu.

> *La parole impie du méchant est au fond de son cœur; La crainte de Dieu n'est pas devant ses yeux. Psaumes 36:1*

La parole impie du méchant est au fond de son cœur; La crainte de Dieu n'est pas devant ses yeux. Psaumes 36:1

> *Les rois de la terre, les dignitaires, les chefs militaires, les riches, les puissants, tous, esclaves et hommes libres, allèrent se cacher dans les cavernes et dans les rochers des montagnes. Et ils disaient aux montagnes et aux rochers : Tombez sur nous, cachez-nous de celui qui est assis sur le trône et de la colère de l'agneau, car le grand jour de leur colère est venu, et qui pourrait tenir debout ? Apocalypse6:15-17*

La révélation du Dieu saint dans ses jugements est terrible et effrayante pour les impies. Le diable et les anges déchus qui le connaissent tremblent de frayeur devant Lui

> *Tu crois qu'il y a un seul Dieu, tu fais bien; les démons le croient aussi, et ils tremblent. Jacques 2:19*

La frayeur de Dieu

Elle est mentionnée à plusieurs reprises dans la Bible, lorsque Dieu se manifeste sous des aspects terrifiants.

C'est la frayeur que les Israélites éprouvèrent au mont Sinaï lorsque l'Eternel vint à la rencontre de son peuple avant de remettre à Moïse les tables de la loi.

> *La montagne de Sinaï était toute en fumée, parce que l'Eternel y était descendu au milieu du feu; cette fumée s'élevait comme la fumée d'une fournaise, et toute la montagne tremblait avec violence.*
>
> *Le son de la trompette retentissait de plus en plus fortement. Moïse parlait, et Dieu lui répondait à haute voix... Exode 19.18*
>
> *... Tout le peuple entendait les tonnerres et le son de la trompette; il voyait les flammes de la montagne fumante. A ce spectacle, le peuple tremblait, et se tenait dans l'éloignement.*
>
> *Ils dirent à Moïse: Parle-nous toi-même, et nous écouterons; mais que Dieu ne nous parle point, de peur que nous ne mourions.*
>
> *Moïse dit au peuple: Ne vous effrayez pas; car c'est pour vous mettre à l'épreuve que Dieu est venu, et c'est pour que vous ayez sa crainte devant les yeux, afin que vous ne péchiez point. Exode 20.18*

Dans d'autres circonstances des personnes qui se trouvaient avec le prophète Daniel lors d'une de ses visions furent aussi très effrayés.

> *Le vingt-quatrième jour du premier mois, j'étais au bord du grand fleuve qui est Hiddékel.*
>
> *Je levai les yeux, je regardai, et voici, il y avait un homme vêtu de lin, et ayant sur les reins une ceinture d'or d'Uphaz.*

> *Son corps était comme de chrysolithe, son visage brillait comme l'éclair, ses yeux étaient comme des flammes de feu, ses bras et ses pieds ressemblaient à de l'airain poli, et le son de sa voix était comme le bruit d'une multitude.*
>
> *Moi, Daniel, je vis seul la vision, et les hommes qui étaient avec moi ne la virent point, mais ils furent saisis d'une grande frayeur, et ils prirent la fuite pour se cacher. Daniel 10:7*

Nous retrouvons ce même sentiment de frayeur dans les Evangiles devant certains miracles du Seigneur Jésus.

> *Comme Pierre parlait encore, une nuée lumineuse les couvrit. Et voici, une voix fit entendre de la nuée ces paroles: Celui-ci est mon Fils bien-aimé, en qui j'ai mis toute mon affection: écoutez-le!*
>
> *Lorsqu'ils entendirent cette voix, les disciples tombèrent sur leur face, et furent saisis d'une grande frayeur.*
>
> *Mais Jésus, s'approchant, les toucha, et dit: Levez-vous, n'ayez pas peur!*
>
> *Ils levèrent les yeux, et ne virent que Jésus seul. Matthieu 17.5*

Remarquons que Jésus a dissipé cette frayeur et a rassuré ses disciples par sa parole et un geste d'affection.

Vous pouvez lire dans la Bible d'autres récits qui décrivent comment des interventions divines ou la visitation de certains anges causent un grand effroi à ceux qui en sont les témoins.

> *Comme Saul était en chemin, et qu'il approchait de Damas, tout à coup une lumière venant du ciel resplendit autour de lui.*
>
> *Il tomba par terre, et il entendit une voix qui lui disait: Saul, Saul, pourquoi me persécutes-tu?*
>
> *Il répondit: Qui es-tu, Seigneur? Et le Seigneur dit: Je suis Jésus que tu persécutes. Il te serait dur de regimber contre les aiguillons.*
>
> *Tremblant et saisi d'effroi, il dit: Seigneur, que veux-tu que je fasse? Et le Seigneur lui dit: Lève-toi, entre dans la ville, et on te dira ce que tu dois faire. Actes 9.3*

Il y avait à Césarée un homme nommé Corneille, centenier dans la cohorte dite italienne.

Cet homme était pieux et craignait Dieu, avec toute sa maison; il faisait beaucoup d'aumônes au peuple, et priait Dieu continuellement.

Vers la neuvième heure du jour, il vit clairement dans une vision un ange de Dieu qui entra chez lui, et qui lui dit: Corneille!

Les regards fixés sur lui, et saisi d'effroi, il répondit: Qu'est-ce, Seigneur? Et l'ange lui dit: Tes prières et tes aumônes sont montées devant Dieu, et il s'en est souvenu. Actes 10.1

La lecture de ces récits nous fait mieux prendre conscience de la grandeur, la puissance, la gloire et la sainteté du seul vrai Dieu, le Créateur du ciel et de la terre, le Tout Puissant.

Je suis toujours perplexe lorsque j'entends des personnes parler avec légèreté des grandes visions ou miracles dont elles auraient été témoins.

Dans la Bible, certains miracles ou manifestations de la gloire de Dieu impressionnent très fortement ceux qui en sont les témoins directs.

"Car l' épouvante l'avait saisi, lui et tous ceux qui étaient avec lui, à cause de la pêche qu'ils avaient faite." Luc 5:9

La crainte s'emparait de chacun, et il se faisait beaucoup de prodiges et de miracles par les apôtres." Actes 2:43 "

"Cela fut connu de tous les Juifs et de tous les Grecs qui demeuraient à Éphèse, et la crainte s'empara d' eux tous, et le nom du Seigneur Jésus était glorifié." Actes 19:17

"Une grande crainte s'empara de toute l'assemblée et de tous ceux qui apprirent ces choses." Actes 5:11

La crainte du Dieu saint

En lisant les Ecritures nous observons que tous les vrais croyants, les prophètes et les hommes de Dieu auxquels il s'est révélé éprouvaient un saint respect à son égard. Ils ont fait l'expérience de sa grandeur. Ils le connaissaient et l'honoraient comme le Dieu Très Haut.

Dieu est grand et saint. Ce n'est pas parce qu'il nous aime que cela lui enlève la plus petite parcelle de sa sainteté. Lorsque la Bible parle de la gloire de Dieu, il s'agit de sa sainteté.

> *C'était l'année où le roi Ozias est mort. Un jour, j'ai eu une vision. Le Seigneur était assis sur un siège royal très élevé. Son vêtement remplissait le temple.*
>
> *Des anges de feu se tenaient au-dessus de lui. Ils avaient chacun six ailes : deux ailes pour se cacher le visage, deux ailes pour se couvrir le bas du corps, deux ailes pour voler.*
>
> *Ils criaient l'un à l'autre : « Saint, saint, saint le SEIGNEUR de l'univers ! Sa gloire remplit toute la terre ! »*
>
> *Leur voix faisait trembler les portes sur leurs gonds, le temple se remplissait de fumée.*
>
> *Alors j'ai dit : « Malheur à moi ! Je suis perdu ! Je suis un homme aux lèvres impures, j'habite au milieu d'un peuple aux lèvres impures, et mes yeux ont vu le Roi, le SEIGNEUR de l'univers ! »*
>
> *Mais l'un des anges brillants a volé vers moi. Il tenait dans sa main un charbon brûlant qu'il avait pris avec des pinces sur l'autel.*
>
> *Il m'a touché la bouche avec ce charbon brûlant et m'a dit : « Maintenant que ce charbon a touché tes lèvres, ta faute est enlevée, ton péché est pardonné. » Esaïe 6.1-7*

Le prophète Esaïe a vu la gloire de Dieu. Jean 12.41

Il est intéressant d'observer les chérubins, ces créatures célestes glorieuses qui entourent le trône de Dieu :

· Deux ailes pour se couvrir le visage et le corps.

· Deux ailes pour voler, pour servir Dieu

· Leur voix qui crient comme des trompettes la sainteté du Dieu unique, Tout Puissant et Souverain

Nous retrouvons dans d'autres passages de la Bible et notamment dans l'Apocalypse la même attitude de ceux qui entourent ou qui sont devant le trône de Dieu.

Les quatre êtres vivants ont chacun six ailes, et ils sont pleins d'yeux tout autour et au dedans. Jour et nuit, ils ne cessent de dire : Saint, saint, saint est le Seigneur Dieu, le Tout-Puissant, celui qui était, qui est et qui vient

Et chaque fois que les êtres vivants donnent gloire, honneur et actions de grâces à celui qui est assis sur le trône, à celui qui vit à tout jamais, les vingt-quatre anciens tombent aux pieds de celui qui est assis sur le trône, se prosternent devant celui qui vit à tout jamais et jettent leurs couronnes devant le trône, en disant :

Tu es digne, notre Seigneur, notre Dieu, de recevoir la gloire, l'honneur et la puissance, car c'est toi qui as tout créé, c'est par ta volonté que tout était et que tout a été créé. ! Apocalypse 4:8-11

Lorsque Dieu se révèle, l'être humain prend conscience à la fois de la grandeur du Seigneur et de sa propre petitesse. La vraie connaissance de Dieu engendre l'humilité, la repentance, l'adoration et la foi. Plus nous entrons dans l'intimité de Dieu plus nous devenons respectueux de sa sainte et glorieuse présence, mais aussi confiants en son amour et sa miséricorde.

Puissions nous grandir dans la connaissance du Dieu très saint, le Seigneur du ciel et de la terre et de son Fils Jésus-Christ, afin que notre adoration ait la même inspiration que les créatures célestes et ceux qui ont eu la révélation de sa gloire.

C'est pourquoi, recevant un royaume inébranlable, montrons notre reconnaissance en rendant à Dieu un culte qui lui soit agréable, avec piété et avec crainte. Hébreux 12:28

La peur du châtiment

C'est le deuxième point de cette étude. La crainte ou la peur que l'être humain éprouve lorsqu'il prend conscience de sa nature pécheresse et souillée.

Nous lisons dans un passage de la première épitre de Jean que "La crainte suppose un châtiment". 1 Jean 4.18

En fait, on a peur quand on s'attend à être puni. La peur vis à vis de Dieu est donc le résultat d'une mauvaise conscience. C'est parce que Adam et Eve avaient enfreint l'ordre de l'Eternel Dieu qu'ils ont eu peur de Lui.

> *Alors ils entendirent la voix de l'Eternel Dieu, qui parcourait le jardin vers le soir, et l'homme et sa femme se cachèrent loin de la face de l'Eternel Dieu, au milieu des arbres du jardin.*
>
> *Mais l'Eternel Dieu appela l'homme, et lui dit: Où es-tu?*
>
> *Il répondit: J'ai entendu ta voix dans le jardin, et j'ai eu peur, parce que je suis nu, et je me suis caché. Genèse 3.8*

C'est ce sentiment de peur que David a aussi éprouvé : *Car je reconnais mon iniquité, Je suis dans la crainte à cause de mon péché. Psaumes 38:18*

Le péché produit la peur du châtiment, surtout lorsque notre conscience est éveillée par le Saint-Esprit.

Beaucoup de gens ont peur de Dieu. Ils ont mauvaise conscience et sont courbés sous le poids de leur culpabilité. L'apôtre Jean a écrit que *"si notre cœur ne nous condamne pas nous avons de l'assurance devant Dieu"*. Nous comprenons que si notre cœur nous condamne nous sommes sans assurance devant Lui. Nous n'osons pas nous approcher de Lui.

C'est parce qu'ils ont peur de Dieu et de son jugement que beaucoup de personnes religieuses offrent des sacrifices de compensation.

Les religions païennes ont établi tout une gamme d'offrandes pour apaiser la colère de leurs divinités. Mais dans le christianisme aussi beaucoup pratiquent des œuvres, font des prières et des offrandes, s'imposent des abstinences et des sacrifices pour obtenir le pardon de leurs fautes et échapper ainsi au châtiment et à la peur qu'il inspire.

Ils sont hélas très éloignés de la Bonne Nouvelle de l'Evangile de Jésus-Christ qui tient un tout autre langage.

Tes péchés sont pardonnés

C'est la réponse du Seigneur à tous ceux qui sont malheureux et dans la peur à cause de leurs fautes.

> *Et voici, on lui amena un paralytique couché sur un lit. Jésus, voyant leur foi, dit au paralytique: Prends courage, mon enfant, tes péchés te sont pardonnés. Matthieu 9:2*

Trop souvent les gens restent dans une situation de peur et d'éloignement de Dieu en ressentant leur indignité et leur souillure. La solution est dans une démarche de repentance et de foi.

> *Le publicain, se tenant à distance, n'osait même pas lever les yeux au ciel; mais il se frappait la poitrine, en disant: O Dieu, sois apaisé envers moi, qui suis un pécheur.*
>
> *Je vous le dis, celui-ci descendit dans sa maison justifié, plutôt que l'autre. Car quiconque s'élève sera abaissé, et celui qui s'abaisse sera élevé. Luc 18.13*

Jésus donne un merveilleux exemple de cette réalité dans le récit du fils prodigue :

> *Etant rentré en lui-même, il se dit: Combien de mercenaires chez mon père ont du pain en abondance, et moi, ici, je meurs de faim!*
>
> *Je me lèverai, j'irai vers mon père, et je lui dirai: Mon père, j'ai péché contre le ciel et contre toi, je ne suis plus digne d'être appelé ton fils; traite-moi comme l'un de tes mercenaires.*
>
> *Et il se leva, et alla vers son père. Comme il était encore loin, son père le vit et fut ému de compassion, il courut se jeter à son cou et le baisa.*
>
> *Le fils lui dit: Mon père, j'ai péché contre le ciel et contre toi, je ne suis plus digne d'être appelé ton fils.*
>
> *Mais le père dit à ses serviteurs: Apportez vite la plus belle robe, et l'en revêtez; mettez-lui un anneau au doigt, et des souliers aux pieds.*
>
> *Amenez le veau gras, et tuez-le. Mangeons et réjouissons-nous; car mon fils que voici était mort, et il est revenu à la vie; il était perdu, et il est retrouvé. Et ils commencèrent à se réjouir. Luc 15*

Il retrouva alors sa place dans la maison de son père.

L'apôtre Jacques enseigne la vraie repentance qui va permettre de trouver ou de retrouver une relation exempte de peur avec Dieu :

> *Croyez-vous que l'Ecriture parle en vain? C'est avec jalousie que Dieu chérit l'esprit qu'il a fait habiter en nous.*

Il accorde, au contraire, une grâce plus excellente; c'est pourquoi l'Ecriture dit: Dieu résiste aux orgueilleux, Mais il fait grâce aux humbles.

Soumettez-vous donc à Dieu; résistez au diable, et il fuira loin de vous.

Approchez-vous de Dieu, et il s'approchera de vous. Nettoyez vos mains, pécheurs; purifiez vos cœurs, hommes irrésolus.

Sentez votre misère; soyez dans le deuil et dans les larmes; que votre rire se change en deuil, et votre joie en tristesse.

Humiliez-vous devant le Seigneur, et il vous élèvera. Jacques 4.5

Nous ne devons avoir aucune illusion, il n'y a que trois choses qui font que nous pouvons nous approcher de Dieu sans en avoir peur : Une vraie repentance, une vraie foi et une conduite honnête, c'est à dire un cœur intègre, sincère.

Approchons–nous donc de Dieu avec un cœur droit, avec la pleine assurance que donne la foi, le cœur purifié de toute mauvaise conscience, et le corps lavé d'une eau pure. Hébreux 10:22

Recevoir le pardon de Dieu avec confiance.

Voici trois passages et il y en a beaucoup d'autres qui affirment que nous pouvons être libérés du poids d'une mauvaise conscience :

Le premier c'est la ferme déclaration de l'apôtre Pierre :

Et Jésus nous a ordonné de prêcher au peuple et d'attester que c'est lui qui a été établi par Dieu juge des vivants et des morts.

Tous les prophètes rendent de lui le témoignage que quiconque croit en lui reçoit par son nom le pardon des péchés. Actes 10.47

Les deux autres sont écrits par l'apôtre Jean

Nous avons, au moyen du sang de Jésus, une libre entrée dans le sanctuaire par la route nouvelle et vivante qu'il a inaugurée pour nous au travers du voile, c'est-à-dire, de sa chair, et puisque nous avons un souverain sacrificateur établi sur la maison de Dieu, approchons-nous avec un cœur sincère, dans la plénitude de la foi, les cœurs purifiés d'une mauvaise conscience, et le corps lavé d'une eau pure. Hébreux 10.19

Si nous disons que nous n'avons pas de péché, nous nous séduisons nous-mêmes, et la vérité n'est point en nous.

Si nous confessons nos péchés, il est fidèle et juste pour nous les pardonner, et pour nous purifier de toute iniquité.

Si nous disons que nous n'avons pas péché, nous le faisons menteur, et sa parole n'est point en nous.

Mes petits enfants, je vous écris ces choses, afin que vous ne péchiez point. Et si quelqu'un a péché, nous avons un avocat auprès du Père, Jésus-Christ le juste.

Il est lui-même une victime expiatoire pour nos péchés, non seulement pour les nôtres, mais aussi pour ceux du monde entier. 1 Jean 1.8

Lorsque nous recevons le pardon de nos péchés par la foi en Jésus-Christ la peur disparait pour faire place à des sentiments de paix , de joie, de reconnaissance et d'amour envers Dieu et envers Jésus.

C'est pourquoi, je te le déclare : le grand amour qu'elle a manifesté prouve que ses nombreux péchés ont été pardonnés. Mais celui à qui l'on a peu pardonné ne manifeste que peu d'amour.

Jésus dit alors à la femme : Tes péchés sont pardonnés. Luc 7.47

Le pardon de nos péchés par la foi en Jésus-Christ nous conduit dans une relation exempte de peur avec Dieu, comme l'écrit l'apôtre Paul :

Et vous n'avez point reçu un esprit de servitude, pour être encore dans la crainte; mais vous avez reçu un Esprit d'adoption, par lequel nous crions: Abba! Père!

L'Esprit lui-même rend témoignage à notre esprit que nous sommes enfants de Dieu. Romains 8.15

Comme il est encore écrit : *Il n'y a plus de condamnation pour ceux qui sont en Jésus-Christ. Le châtiment qui nous donne la paix est tombé sur lui et par le sang de sa croix il nous a réconciliés avec Dieu.*

L'amour parfait bannit la crainte

Si les religions enseignent leurs fidèles à servir Dieu ou des dieux par devoir ou par peur du châtiment, nous savons qu'il n'en est pas ainsi de l'enseignement du Seigneur Jésus-Christ.

Revenons au passage de 1 Jean 4.18. Voici la version de la Bible en français courant :

> *Il n'y a pas de crainte dans l'amour ; l'amour parfait exclut la crainte. La crainte est liée à l'attente d'un châtiment et, ainsi, celui qui craint ne connaît pas l'amour dans sa perfection. 1 Jean 4:18*

Arrêtons nous un instant sur ce passage : *celui qui craint ne connaît pas l'amour dans sa perfection.*

J'aime particulièrement cette version car elle fait ressortir la première partie du principe d'une relation d'amour avec Dieu notre Père céleste : l'amour qu'il a pour nous.

Dieu est amour et son amour est parfait. C'est la première raison par laquelle la crainte est bannie : Dieu nous aime et que nous le croyons, comme l'écrit l'apôtre Jean

> *Et nous, nous avons connu l'amour que Dieu a pour nous, et nous y avons cru. Dieu est amour; et celui qui demeure dans l'amour demeure en Dieu, et Dieu demeure en lui. 1 Jean 4:16*

> *Lorsque nous connaissons l'amour que Dieu a pour nous et que nous le croyons tout devient limpide, calme et tranquille. La peur s'évanouit et la paix remplit notre cœur. Alors s'accomplit la seconde partie du principe divin : Pour nous, nous l'aimons, parce qu'il nous a aimés le premier. 1 Jean 4:19*

Aux pharisiens qui lui tendaient un piège en lui demandant quel était le plus grand commandement, le Seigneur a répondu :

> *Tu aimeras le Seigneur, ton Dieu, de tout ton cœur, de toute ton âme, et de toute ta pensée.*

> *C'est le premier et le plus grand commandement.*

> Et voici le second, qui lui est semblable: Tu aimeras ton prochain comme toi-même.
>
> De ces deux commandements dépendent toute la loi et les prophètes. Matthieu 22.34
>
> Selon la Volonté de Dieu son Père, Jésus est venu dans le monde pour établir entre Dieu et quiconque croit en lui une relation fondée sur l'amour et non sur la peur.
>
> Déjà nous remarquons qu'il y a une différence entre craindre et avoir peur. C'est important de le noter pour la suite de notre réflexion.
>
> Cependant à la lecture d'autres passages des Ecritures nous pourrions penser qu'il y a contradiction entre les textes bibliques comme ces versets suivants :
>
> Et vous n'avez point reçu un esprit de servitude, pour être encore dans la crainte; mais vous avez reçu un Esprit d'adoption, par lequel nous crions: Abba! Père! Romains 8:15
>
> Ayant donc de telles promesses, bien-aimés, purifions-nous de toute souillure de la chair et de l'esprit, en achevant notre sanctification dans la crainte de Dieu. 2 Corinthiens 7:1

Nous comprenons qu'il ne s'agit pas de la peur dans ce dernier verset, mais d'un comportement réfléchi qui tient compte sérieusement de la situation privilégiée que Dieu nous a accordée en son Fils Jésus-Christ.

> Je serai pour vous un père, Et vous serez pour moi des fils et des filles, Dit le Seigneur tout-puissant. 2 Corinthiens 6:18

L'apôtre Jean a écrit à ce sujet une parole merveilleuse :

> Voyez quel amour le Père nous a témoigné, pour que nous soyons appelés enfants de Dieu! Et nous le sommes. Si le monde ne nous connaît pas, c'est qu'il ne l'a pas connu. 1 Jean 3:1

Dieu a fait sa part. Il a rempli la première partie du programme : Il nous aime d'un amour parfait !

Nous entrons alors dans le processus divin de l'amour réciproque :

Pour nous, nous l'aimons, parce qu'il nous a aimés le premier. 1 Jean 4:19

Nous acceptons donc l'alliance avec Dieu d'être aimés et de l'aimer. Mais nous sommes aussi conscients de notre vulnérabilité et de notre fragilité dans notre amour pour Lui. Nous avons besoin chaque jour de l'aide indispensable du Saint-Esprit.

Etant donc justifiés par la foi, nous avons la paix avec Dieu par notre Seigneur Jésus-Christ, à qui nous devons d'avoir eu par la foi accès à cette grâce, dans laquelle nous demeurons fermes, et nous nous glorifions dans l'espérance de la gloire de Dieu.

Bien plus, nous nous glorifions même des afflictions, sachant que l'affliction produit la persévérance, la persévérance la victoire dans l'épreuve, et cette victoire l'espérance.

Or, l'espérance ne trompe point, parce que l'amour de Dieu est répandu dans nos coeurs par le Saint-Esprit qui nous a été donné. Romains 5.1

Une crainte respectueuse

"C'est par la foi que Noé, divinement averti des choses qu'on ne voyait pas encore, et saisi d'une crainte respectueuse, construisit une arche pour sauver sa famille; c'est par elle qu'il condamna le monde, et devint héritier de la justice qui s'obtient par la foi." Hébreux 11:7

Noé a été saisi dans son cœur par la solennité de la Parole que l'Éternel lui a annoncée et il s'est mis au travail.

Le psalmiste inspiré par le Saint-Esprit donne un enseignement sur la crainte de Dieu :

"Venez, mes fils, écoutez-moi! Je vous enseignerai la crainte de l'Éternel. Quel est l'homme qui aime la vie, qui désire la prolonger pour jouir du bonheur ? Préserve ta langue du mal, et tes lèvres des paroles trompeuses. Éloigne-toi du mal, et fais le bien. Recherche et poursuis la paix." Psaume 34.11/14.

Nous retrouvons la même pensée dans les écrits de l'apôtre Pierre :

> *Comme des enfants obéissants, ne vous conformez pas aux convoitises que vous aviez autrefois, quand vous étiez dans l'ignorance.*
>
> *Mais, puisque celui qui vous a appelés est saint, vous aussi soyez saints dans toute votre conduite, selon qu'il est écrit: Vous serez saints, car je suis saint.*
>
> *Et si vous invoquez comme Père celui qui juge selon l'œuvre de chacun, sans acception de personnes, conduisez-vous avec crainte pendant le temps de votre pèlerinage, sachant que ce n'est pas par des choses périssables, par de l'argent ou de l'or, que vous avez été rachetés de la vaine manière de vivre que vous aviez héritée de vos pères, mais par le sang précieux de Christ, comme d'un agneau sans défaut et sans tache ... 1 Pierre 1.14*

Dans ces passages et d'autres, il s'agit de notre manière de vivre, de notre conduite dans le monde depuis que nous sommes devenus enfants de Dieu et que nos péchés ont été effacés par le sang de Christ.

Si nous invoquons Dieu comme Père nous devons nous conduire en conséquence. Par le prophète Malachie, l'Eternel reprochait à son peuple Israël leur manque de considération à son égard :

> *Un fils honore son père, et un serviteur son maître. Si je suis père, où est l'honneur qui m'est dû? Si je suis maître, où est la crainte qu'on a de moi? Dit l'Eternel des armées à vous, sacrificateurs, Qui méprisez mon nom, Et qui dites: En quoi avons-nous méprisé ton nom? Malachie 1:6*

Etre enfants de Dieu implique que nous honorions et fassions honorer le nom de notre Père céleste.

> *Vous devez donc prier de cette façon : "Notre Père qui es dans les cieux, ton nom est saint. Fais que tout le monde le connaisse ! Matthieu 6:9*

Par notre manière de vivre nous pouvons faire connaitre et glorifier Dieu.

> *Ayez au milieu des païens une bonne conduite, afin que, là même où ils vous calomnient comme si vous étiez des malfaiteurs, ils remarquent vos bonnes œuvres, et glorifient Dieu, au jour où il les visitera. 1 Pierre 2:12*

L'expression "la crainte de Dieu", est donc une attitude de respect, de confiance, d'amour, d'honneur et d'obéissance, à l'égard de Celui qui est devenu notre Père lorsque nous avons cru en son fils Jésus.

Je lis et j'entends ça et là que l'on cultive une certaine peur de Dieu, une forme de piété craintive et tremblante, en invoquant quelques versets mal compris et sortis de leur contexte, comme celui-ci :

> *Servez l'Eternel avec crainte, Et réjouissez-vous avec tremblement. Psaumes 2:11*

La version du Semeur dit : *Dans la crainte, servez l'Eternel ! Et, tout en tremblant, exultez de joie !*

Alors je pose la question comment être tremblant et exulter de joie ?

En lisant attentivement les Ecritures nous remarquons que pour ceux ou celles qui ont été les plus proches de Dieu leur relation avec lui était empreinte d'un profond sentiment de respect appelé une "crainte respectueuse" à cause de sa sainteté, de son élévation et de sa gloire, mais ils éprouvaient aussi pour Lui beaucoup d'amour. ils lui obéissaient et le servaient avec une grande joie, sans contrainte, avec zèle, c'est la signification de "avec tremblement", soit "un zèle empressé".

Le respect

Nous vivons une époque d'irrespect généralisé et cela se ressent jusque dans l'Eglise. C'est le temps dont parle l'apôtre Paul :

> *Sache que dans les derniers jours surgiront des temps difficiles. Car les gens seront égoïstes, amis de l'argent, fanfarons, orgueilleux, blasphémateurs, rebelles envers leurs parents, ingrats, sacrilèges, insensibles, implacables, médisants, sans maîtrise de soi, cruels, ennemis du bien, traîtres, emportés, aveuglés par l'orgueil, amis du plaisir plus que de Dieu ... 1 Timothée 3:1-5*

C'est le temps des "casquettes rebelles"

Certains veulent s'affranchir de toute autorité, des règles du civisme, de la bonne éducation et en général de toute contrainte. Alors souvent pour manifester leur refus des autorités parentales, sociales et spirituelles, ils ont une manière bien à eux de mettre leur casquette la visière en arrière ou de ne jamais l'enlever. Malheureusement, des jeunes chrétiens se conforment à la mentalité d'une génération incrédule et rebelle, d'un monde sans Dieu.

… fanfarons, orgueilleux, blasphémateurs, rebelles … La crainte de Dieu n'est pas devant leurs yeux.

Je me pose parfois des questions devant le comportement de certaines personnes. Je me demande quelle est leur intimité avec Dieu et le niveau de leur connaissance de sa personne.

Ni Dieu, ni Jésus, ni le Saint-Esprit ne sont des copains. Nos parents, les aînés, nos supérieurs, ceux qui exercent des ministères dans les églises, nos frères et sœurs en Christ, méritent notre considération et notre respect. De nombreux passages des Ecritures nous l'enseignent. Éphésiens 6:2; 1 Pierre 2:13; 2:18; 5:5; 1 Thessaloniciens 5:12

Ne méprisons pas non plus "la correction du Seigneur". Il arrive que notre Père céleste nous corrige, selon ce qui est écrit dans l'épitre aux Hébreux :

> *Vous avez oublié l'exhortation qui vous est adressée comme à des fils: Mon fils, ne méprise pas le châtiment du Seigneur, Et ne perds pas courage lorsqu'il te reprend;*
>
> *Car le Seigneur châtie celui qu'il aime, Et il frappe de la verge tous ceux qu'il reconnaît pour ses fils.*
>
> *Supportez le châtiment: c'est comme des fils que Dieu vous traite; car quel est le fils qu'un père ne châtie pas?*
>
> *Mais si vous êtes exempts du châtiment auquel tous ont part, vous êtes donc des enfants illégitimes, et non des fils.*
>
> *D'ailleurs, puisque nos pères selon la chair nous ont châtiés, et que nous les avons respectés, ne devons-nous pas à bien plus forte raison nous soumettre au Père des esprits, pour avoir la vie?*
>
> *Nos pères nous châtiaient pour peu de jours, comme ils le trouvaient bon; mais Dieu nous châtie pour notre bien, afin que nous participions à sa sainteté.*
>
> *Il est vrai que tout châtiment semble d'abord un sujet de tristesse, et non de joie; mais il produit plus tard pour ceux qui ont été ainsi exercés un fruit paisible de justice.*

> *Fortifiez donc vos mains languissantes Et vos genoux affaiblis; et suivez avec vos pieds des voies droites, afin que ce qui est boiteux ne dévie pas, mais plutôt se raffermisse.*

Nous savons bien que notre vigilance se relâche parfois et que nous n'avons pas encore atteint "l'amour parfait". C'est pourquoi Dieu nous corrige. Cependant lorsque nous nous jugeons nous-mêmes et confessons nos fautes Il nous fait la grâce de nous pardonner. 1 Jean 1.9

> *Je disais: Si du moins tu voulais me craindre, Avoir égard à la correction, Ta demeure ne serait pas détruite, Tous les châtiments dont je t'ai menacée n'arriveraient pas; Mais ils se sont hâtés de pervertir toutes leurs actions. Sophonie 3:7*

Parfois nous ne discernons pas la correction du Seigneur et pensons que nos épreuves sont le fait de l'agression du diable ou de quelque mauvais esprit ou encore qu'elles font partie de la vie normale des humains.

Or les Ecritures nous enseignent à examiner notre conduite attentivement afin de rectifier ce qui déplait à Dieu.

> *Autrefois vous étiez ténèbres, et maintenant vous êtes lumière dans le Seigneur. Marchez comme des enfants de lumière!*
>
> *Car le fruit de la lumière consiste en toute sorte de bonté, de justice et de vérité.*
>
> *Examinez ce qui est agréable au Seigneur; et ne prenez point part aux œuvres infructueuses des ténèbres, mais plutôt condamnez-les. Ephésiens 5.8*
>
> *La nouvelle que nous avons apprise de lui, et que nous vous annonçons, c'est que Dieu est lumière, et qu'il n'y a point en lui de ténèbres.*
>
> *6 Si nous disons que nous sommes en communion avec lui, et que nous marchions dans les ténèbres, nous mentons, et nous ne pratiquons pas la vérité.*
>
> *Mais si nous marchons dans la lumière, comme il est lui-même dans la lumière, nous sommes mutuellement en communion, et le sang de Jésus son Fils nous purifie de tout péché.*

Si nous disons que nous n'avons pas de péché, nous nous séduisons nous-mêmes, et la vérité n'est point en nous.

Si nous confessons nos péchés, il est fidèle et juste pour nous les pardonner, et pour nous purifier de toute iniquité. 1 Jean 1.5

Conclusion

Si donc nous mettons notre confiance en Jésus-Christ pour le pardon de nos péchés, si nous demeurons en Lui, attachés à Lui et dans la foi en la grâce de Dieu, la peur disparait et nous pouvons nous tenir auprès de Dieu avec assurance.

Quelque soit la raison qui produit la crainte ou la peur ou la frayeur, une réelle relation d'amour avec le Seigneur Jésus-Christ et notre Père céleste par le Saint-Esprit, fait retrouver la sérénité et la paix.

Chapitre 2 - L'intimité avec Dieu

L'intimité concerne l'être secret d'une personne, la partie très profonde, son être intérieur.

Être intime avec quelqu'un c'est être lié, étroitement uni dans une relation d'âme à âme, une communion.

Dans la vie ordinaire, l'intimité c'est une situation de tête à tête avec une personne, soit pour une conversation ou simplement être en sa présence, comme deux amis sont ensemble, à l'écart des autres, pour parler, échanger, ou simplement marcher en silence l'un près de l'autre.

L'intimité c'est le temps des confidences, de la communion profonde, de la communion de deux âmes qui s'aiment et aiment être ensemble. C'est un temps mis à part, un lieu à l'écart.

Abraham a été appelé "l'ami de Dieu".

En lisant les récits de sa relation avec Dieu, nous nous rendons compte combien ils étaient proches. Abraham savait comment rester près de Dieu. Il passait du temps à méditer, à l'écart sous les chênes de Mamré.

Le mot hébreu utilisé dans le passage d'Ésaïe concernant Abraham : "Abraham que j'ai aimé!" Esaïe 41:8, a pour signification " affection " et " intimité ".

En grec, le mot "ami" utilisé par Jacques "il fut appelé ami de Dieu", signifie : "cher ", " associé intime ". Les deux sous-entendent une intimité profonde et partagée : Jacques.2:23.

L'apôtre Jean, "l'apôtre que Jésus aimait", était intime avec Jésus et il recevait ses confidences.

Les prophètes sont particulièrement concernés par l'intimité avec Dieu, car ils doivent recevoir de lui la parole qu'ils transmettent.

Nous découvrons cela dans la Bible, lorsque l'Éternel leur adresse sa Parole. Il leur révèle des choses secrètes.

Les qualités d'un prophète de Dieu sont la disponibilité, la sensibilité et l'intégrité. Mais c'est surtout sa relation intime avec Dieu : il se tient auprès de Lui, tendant attentivement l'oreille pour recevoir ses confidences.

Jésus est le meilleur modèle d'intimité avec Dieu.

> *"Quand Jésus eut renvoyé la foule, il monta sur la montagne, pour prier à l'écart; et, comme le soir était venu, il était là seul." Matthieu 14:23.*

> *"Vers le matin, pendant qu'il faisait encore très sombre, il se leva, et sortit pour aller dans un lieu désert, où il pria." Marc 1:35*

Jésus recherchait les moments d'intimité avec son Père, seul avec Lui et c'est dans ces moments que le Père lui montrait ce qu'il devait faire et lui disait ce qu'il devait dire.

L'intimité avec Dieu nous rend sensibles à ses sentiments, ses désirs, sa volonté, à son cœur.

L'intimité avec Dieu est spirituelle.

C'est le temps de la prière, parfois silencieuse, les paroles adressées au Père ou simplement les soupirs de l'âme.

C'est aussi le temps de la méditation, concernant les paroles de Dieu que nous avons entendues ou lues.

C'est encore le temps du silence dans sa présence, afin de le laisser nous envelopper et nous remplir de lui-même.

> *En ton sein, le Seigneur, ton Dieu, est un héros sauveur ; il fera de toi sa plus grande joie ; il gardera le silence dans son amour ; il poussera des cris d'allégresse à ton sujet. Sophonie 3:17*

Nous l'avons compris, l'intimité avec Dieu demande d'y consacrer du temps et de l'isolement. Et cela, personne ne peut le faire à notre place.

Notre problème c'est que nous sommes toujours trop occupés, trop pressés. Nous avons toujours trop à faire et nous nous rendons compte que ce que nous faisons, ce sont nos propres œuvres.

> *Comme Jésus était en chemin avec ses disciples, il entra dans un village et une femme, nommée Marthe, le reçut dans sa maison. Elle avait une sœur, nommée Marie, qui, s'étant assise aux pieds du Seigneur, écoutait sa*

> *parole. Marthe, occupée à divers soins domestiques, survint et dit: "Seigneur, cela ne te fait-il rien que ma sœur me laisse seule pour servir? Dis-lui donc de m'aider. Le Seigneur lui répondit: Marthe, Marthe, tu t'inquiètes et tu t'agites pour beaucoup de choses. Une seule chose est nécessaire. Marie a choisi la bonne part, qui ne lui sera point ôtée." Luc 10.38/42.*

Si nous voulons entendre Dieu, connaitre sa pensée, être son confident, il nous fut prendre du temps pour rester dans sa présence, à écouter.

Dans le livre de l'Apocalypse, il y a un passage exquis qui révèle le désir profond de Jésus dans sa relation aves ses disciples :

> *Voici, je me tiens à la porte, et je frappe. Si quelqu'un entend ma voix et ouvre la porte, j'entrerai chez lui, je souperai avec lui, et lui avec moi. Apocalypse 3:20*

Un souper en tête à tête avec le Seigneur, quelle merveilleuse réalité de l'intimité qu'il désire partager avec nous.

Il y a une chose absolument indispensable qui doit être établie avant de faire quoique ce soit, c'est la pensée de Dieu révélée dans son intimité. Il est écrit que le secret intime de Dieu est pour ses amis.

> *Le secret de l'Éternel est pour ceux qui le craignent, et il leur fera connaître son alliance. Psaumes 25:14*

Le prophète Daniel est appelé "un bien aimé" de Dieu qui lui révélait ses secrets.

> *Alors le secret fut révélé à Daniel dans une vision pendant la nuit. Et Daniel bénit le Dieu des cieux. Daniel 2:19*

> *Je parlais encore dans ma prière, quand l'homme, Gabriel, que j'avais vu précédemment dans une vision, s'approcha de moi d'un vol rapide, au moment de l'offrande du soir.*

> *Il m'instruisit, et s'entretint avec moi. Il me dit: Daniel, je suis venu maintenant pour ouvrir ton intelligence.*

> *Lorsque tu as commencé à prier, la parole est sortie, et je viens pour te l'annoncer; car tu es un bien-aimé. Daniel 9.21-23*

Jésus dit que parce que ses disciples sont ses amis, il leur fait connaitre certaines choses:

Je ne vous appelle plus serviteurs, parce que le serviteur ne sait pas ce que fait son maître; mais je vous ai appelés amis, parce que je vous ai fait connaître tout ce que j'ai appris de mon Père. Jean 15.15

Le Seigneur Jésus, nous montre l'exemple. Il passait beaucoup de temps dans l'intimité de son Père, parfois des nuits entières et c'est dans ces moments qu'il recevait les confidences de Dieu.

> *En ce temps-là, Jésus se rendit sur la montagne pour prier, et il passa toute la nuit à prier Dieu.*
>
> *Quand le jour parut, il appela ses disciples, et il en choisit douze, auxquels il donna le nom d'apôtres.* Luc -.12,13

Imaginons un peu ce temps très particulier où Jésus s'entretien avec son Père du choix de ses disciples et considérons que ce n'est pas exceptionnel entre le Père et son fils Jésus, mais possible pour tous ceux qui aiment se tenir dans la présence de Dieu qui est aussi notre Père céleste.

Puissions nous être attirés vers le Seigneur, par un désir de plus en plus grand de sa présence intime, dans un vrai sentiment d'affection envers Lui : aimer non seulement ses bénédictions, mais aimer Dieu lui-même.

Chapitre 3 - L'amour du Monde

Que faut-il entendre par l'amour du monde, ou être ami du monde ? Qu'est-ce que le monde dont il est question ici ? Plusieurs expressions font mention du monde : le cosmos, l'univers. C'est le monde entier créé par Dieu, "les cieux et la terre" sortis de ses mains Genèse 1.1, que le N.T. désigne par le mot cosmos. Dieu a créé par sa puissance jusqu'aux atomes de la poussière du monde. Proverbes 8.26; Jérémie 10.12 La terre habitée (grec "oikoumene").

"Prêtez l'oreille, vous tous habitants du monde". Ps 49.2.

L'Évangile sera prêché "dans le monde entier... à toutes les nations". Mt 24.14. L'humanité que Dieu aime et voudrait sauver (cosmos).

"Dieu a tant aimé le monde, qu'il a donné son Fils unique...". Jean 3.16.

Jésus ôte le péché du monde (1.29); il est mort pour les péchés du monde entier : 1 Jean 2.2. Le monde pécheur et mauvais, qui se détourne de Dieu et refuse sa grâce. Il s'agit de nouveau du terme grec cosmos. C'est le milieu où le mal est entré par la chute et où désormais règne la mort : Romains 5.12. Tous les pécheurs marchent "selon le train de ce monde" : Éphésiens 2.2, qui est tout entier "sous la puissance du malin" : 1Jean 5.19. Satan est en effet appelé le Prince de ce monde : Jean 12.31; 14.30; 16.11.

Lorsque l'apôtre Jean écrit "n'aimez pas le monde, ni ce qui est dans le monde", c'est le monde pécheur et mauvais qu'il désigne.

> "N'aimez point le monde, ni les choses qui sont dans le monde. Si quelqu'un aime le monde, l'amour du Père n'est point en lui; car tout ce qui est dans le monde, la convoitise de la chair, la convoitise des yeux, et l'orgueil de la vie, ne vient point du Père, mais vient du monde. Et le monde passe, et sa convoitise aussi; mais celui qui fait la volonté de Dieu demeure éternellement." 1 Jean 2.15/17

Nous le comprenons bien, il s'agit du monde dans lequel nous vivons avec ses convoitises, sa course au profit matériel et terrestre, ses ambitions pour la recherche du pouvoir et de la réussite sociale (l'orgueil de la vie), son indifférence à l'égard du royaume et de la volonté de Dieu (ils ne pensent qu'aux choses de la terre), sa mentalité corrompue, perverse et trompeuse, avec ses ruses, ses artifices pour séduire et pousser à la consommation de choses inutiles et souvent impures. Et puis la recherche effrénée du plaisir, les satisfactions charnelles, l'adulation du corps, dans un dénuement de plus en plus provoquant, suscitant toutes sortes de désirs impurs.

Et encore, la banalisation du péché : l'adultère, la fornication, la pornographie, les désirs et les pratiques impures, la recherche de tout ce qui satisfait les instincts charnels, le mensonge, la cruauté, les trafics d'êtres humains : prostitution des femmes, des hommes et des enfants, l'homosexualité, l'esclavage moderne avec le profit au moindre coût du travail des femmes, des hommes et des enfants. Enfin, un esprit religieux trompeur, dont le but est de procurer uniquement le bien-être physique et matériel, sans contrainte morale et sans un réel souci de plaire à Dieu.

Un monde sans espérance éternelle, sans vrai Dieu, dont la devise est : *Mangeons et buvons, profitons des plaisirs de la vie, sans s'inquiéter si ces plaisirs sont frelatés, impurs, sordides. Esaïe 22:13.*

C'est de ce monde là, dont le Seigneur nous exhorte à nous séparer.

> *"C'est pourquoi, Sortez du milieu d'eux, et séparez-vous, dit le Seigneur; ne touchez pas à ce qui est impur, et je vous accueillerai." 2 Corinthiens 6:17*

Jésus a bien précisée la situation de ses disciples concernant le monde :

> *"Je ne te prie pas de les ôter du monde, mais de les préserver du mal. Ils ne sont pas du monde, comme moi je ne suis pas du monde. Sanctifie-les par ta vérité: ta parole est la vérité. Comme tu m'as envoyé dans le monde, je les ai aussi envoyés dans le monde." Jean 17.15/18.*

Nous sommes dans le monde, nous en faisons partie en tant qu'êtres humains, mais nous ne sommes pas du monde, nous ne lui appartenons plus, nous sommes sortis de son influence, de sa mentalité, de ses habitudes, de sa façon de vivre, appelée : le train de ce monde.

Bateau dans la mer ou mer dans le bateau ?

L'Église doit être dans le monde comme le navire est dans la mer. Mais lorsque la mer entre dans bateau, la catastrophe n'est pas loin.

Or, aujourd'hui, nous constatons que le monde est entré dans les églises et son influence se fait de plus en plus sentir dans la façon de penser et dans les comportements de ceux qui s'appellent "enfants de Dieu". Le monde, par ses artifices, ses séductions, ses plaisirs et sa vitrine publicitaire, suscite la convoitise des chrétiens eux mêmes, qui ne savent plus toujours discerner ce qui est bon ou mauvais et qui, par le goût de la facilité et des satisfactions charnelles, se laissent entraîner dans les compromis, fréquentant sans honte les lieux de plaisirs du monde.

Nous ne pouvons servir deux maîtres et je rappelle ce que dit Dieu :

> *"Adultères que vous êtes! ne savez-vous pas que l'amour du monde est inimitié contre Dieu? Celui donc qui veut être ami du monde se rend ennemi de Dieu." Jacques 4:4.*

Il y a un esprit qui agit dans le monde, c'est-à-dire dans le cœur de tous ceux qui n'appartiennent pas au Seigneur Jésus-Christ, qui les poussent à la rébellion contre Dieu, et cet esprit c'est celui du malin, selon ce qui est écrit :

> *"Vous étiez morts par vos offenses et par vos péchés, dans lesquels vous marchiez autrefois, selon le train de ce monde, selon le prince de la puissance de l'air, de l'esprit qui agit maintenant dans les fils de la rébellion. Nous tous aussi, nous étions de leur nombre, et nous vivions autrefois selon les convoitises de notre chair, accomplissant les volontés de la chair et de nos pensées, et nous étions par nature des enfants de colère, comme les autres..." Éphésiens 2.1/3.*

Le monde est gouverné par celui que Jésus nomme "Le prince de ce monde", qui est aussi le prince du monde des ténèbres, le prince de la puissance de l'air, c'est à dire des esprits mauvais, des démons. L'expression "Le prince de ce monde" - "Le prince du monde" - se trouve en Jean 12:31 - Jean 14:30 - Jean 16:11. Jésus dit : "Il n'a rien en moi." Jean 14.30.

Il faut aussi que le prince du monde ait de moins en moins de choses en nous, qui appartenons au Seigneur, qui sommes de Dieu !

> *Nous savons que nous sommes de Dieu, et que le monde entier est sous la puissance du malin : 1 Jean 5:19.*

Si nous aimons le monde et nous conformons à sa mentalité, si nous cherchons en lui notre plaisir, nous laissons à au diable qui tient le monde sous son joug des entrées dans notre vie !

> *Donc n'aimons pas le monde, ni les choses qui sont dans le monde. Si quelqu'un aime le monde, l'amour du Père n'est point en lui." 1 Jean 2:15.*

Nous avons bien lu : si nous avons en nous l'amour du Père, nous ne pourrons pas avoir en même temps l'amour du monde. Le Seigneur nous exhorte à être différents :

> *"Ne vous conformez pas au siècle présent, mais soyez transformés par le renouvellement de l'intelligence, afin que vous discerniez quelle est la volonté de Dieu, ce qui est bon, agréable et parfait." Romains 12:2.*

Bien sûr, notre façon de vivre pour plaire à Dieu, ne plaira pas pas à tout le monde, comme le dit l'apôtre Jean :

> *"Si vous étiez du monde, le monde aimerait ce qui est à lui; mais parce que vous n'êtes pas du monde, et que je vous ai choisis du milieu du monde, à cause de cela le monde vous hait." Jean 15:19.*

Peut-être que certains trouveront mon discours sévère, excessif, mais je vous dis la vérité devant Dieu. Nous sommes toujours placés devant un choix décisif : un chemin large et facile qui mène à la perdition, que beaucoup suivent, un chemin étroit et difficile (pour la chair) qui mène à la vie et il y en a peu qui s'y engagent. Ce choix s'appelle "la croix de Christ". Rappelons les paroles qu'il adresse à ses disciples :

> *"Si quelqu'un veut venir après moi, qu'il renonce à lui-même, qu'il se charge de sa croix, et qu'il me suive." Matthieu 16:24.*

Il y a des choses qui doivent être crucifiées dans notre vie : tout ce qui est charnel, la vieille nature.

> *"Sachant que notre vieil homme a été crucifié avec lui, afin que le corps du péché fût détruit, pour que nous ne soyons plus esclaves du péché." Romains 6:6.*

Pour conclure, cette exhortation, incomplète je le sais, écoutons ce que Moïse disait à son peuple :

> *"Car je te prescris aujourd'hui d'aimer l'Éternel, ton Dieu, de marcher dans ses voies, et d'observer ses commandements, ses lois et ses*

ordonnances, afin que tu vives et que tu multiplies, et que l'Éternel, ton Dieu, te bénisse dans le pays dont tu vas entrer en possession. Mais si ton cœur se détourne, si tu n'obéis point, et si tu te laisses entraîner à te prosterner devant d'autres dieux et à les servir, je vous déclare aujourd'hui que vous périrez, J'en prends aujourd'hui à témoin contre vous le ciel et la terre: j'ai mis devant toi la vie et la mort, la bénédiction et la malédiction. Choisis la vie, afin que tu vives, toi et ta postérité, pour aimer l'Éternel, ton Dieu, pour obéir à sa voix, et pour t'attacher à lui: car de cela dépendent ta vie et la prolongation de tes jours," Deutéronome 30.16/20

Plus tard Josué qui aura la responsabilité de conduire le peuple de Dieu dira :

"Si vous ne trouvez pas bon de servir l'Éternel, choisissez aujourd'hui qui vous voulez servir... Moi et ma maison, nous servirons l'Éternel." Josué 24:15.

Même si le choix semble difficile à notre chair, disons avec l'apôtre Paul :

"Pour ce qui me concerne, loin de moi la pensée de me glorifier d'autre chose que de la croix de notre Seigneur Jésus-Christ, par qui le monde est crucifié pour moi, comme je le suis pour le monde!" Galates 6:14

Chapitre 4 - Dieu est bon

Comment décrire la bonté de Dieu ? Elle est infinie !

> *Autant les cieux sont élevés au-dessus de la terre, Autant sa bonté est grande pour ceux qui le craignent. Psaumes 103:11*

> *Oh! combien est grande ta bonté, Que tu tiens en réserve pour ceux qui te craignent, Que tu témoignes à ceux qui cherchent en toi leur refuge, A la vue des fils de l'homme! Psaumes 31:19*

Lorsque nous sommes découragés et malheureux, il est bon de se souvenir de certaines choses et en particulier de la bonté de Dieu.

> *"Quand je pense à ma détresse et à ma misère, A l'absinthe et au poison; Quand mon âme s'en souvient, Elle est abattue au dedans de moi. Voici ce que je veux repasser en mon cœur, Ce qui me donnera de l'espérance. Les bontés de l'Éternel ne sont pas épuisées, Ses compassions ne sont pas à leur terme; Elles se renouvellent chaque matin. Oh! que ta fidélité est grande! L'Éternel est mon partage, dit mon âme; C'est pourquoi je veux espérer en lui. L'Éternel a de la bonté pour qui espère en lui, Pour l'âme qui le cherche." Lamentations de Jérémie 3.19/25*

Comment pouvons nous connaître la bonté de Dieu ?

Le prophète Jérémie dit : "Voici ce que je veux repasser dans mon cœur..." Il voulait réfléchir, penser à la bonté de Dieu, afin de découvrir son immensité et sa constance.

La Parole de Dieu, surtout les Psaumes, nous parle de la bonté de Dieu et ceux qui ont écrit à son sujet apparaissent comme des observateurs attentifs et désireux de cette connaissance, ainsi que le demandait le psalmiste :

> *"Fais-moi dès le matin entendre ta bonté! Car je me confie en toi. Fais-moi connaître le chemin où je dois marcher! Car j'élève à toi mon âme." Psaumes 143:8*

Il en faisait l'objet de sa prière : *Car j'élève à toi mon âme*". "*Éternel! fais-nous voir ta bonté, Et accorde-nous ton salut!" Psaumes 85:7*

Il y a des choses que nous devons prendre en considération et parmi elles la bonté de Dieu : "Considère donc la bonté de Dieu." Romains 11:22

Nous pouvons augmenter notre vision de cette bonté éternelle et infinie, par la prière, la lecture de la Parole de Dieu, l'observation et la réflexion concernant la nature de Dieu, le témoignage de ceux qui l'ont expérimentée.

Parmi les vertus de Dieu, sa bonté est abondamment citée dans les Écritures. Le passage suivant est une référence souvent répétée.

> *"L'Éternel, l' Éternel, Dieu miséricordieux et compatissant, lent à la colère, riche en bonté et en fidélité," Exode 34:6.*

> *"Mais toi, Seigneur, tu es un Dieu miséricordieux et compatissant, Lent à la colère, riche en bonté et en fidélité;" Psaumes 86:15.*

Néhémie, dans sa prière rappelle que malgré l'infidélité de son peuple, l'Éternel ne les abandonna pas, à cause de sa bonté :

> *"ils refusèrent d'obéir, et ils mirent en oubli les merveilles que tu avais faites en leur faveur. Ils raidirent leur cou; et, dans leur rébellion, ils se donnèrent un chef pour retourner à leur servitude. Mais toi, tu es un Dieu prêt à pardonner, compatissant et miséricordieux, lent à la colère et riche en bonté, et tu ne les abandonnas pas," Néhémie 9:17*

La Bible met en évidence à chaque instant la bonté de Dieu à cause de laquelle il suspend ou modère sa colère : lent à la colère et riche en bonté !

Les expressions de la Bible nous font comprendre l'infinie grandeur de la bonté de Dieu, en temps, en qualité et en quantité.

> *"Car l' Éternel est bon; sa bonté dure toujours, Et sa fidélité de génération en génération." Psaumes 100:5*

> *"Mais autant les cieux sont élevés au-dessus de la terre, Autant sa bonté est grande pour ceux qui le craignent;" Psaumes 103:11*

> *"Mais que celui qui veut se glorifier se glorifie D'avoir de l'intelligence et de me connaître, De savoir que je suis l'Eternel, Qui exerce la bonté, le droit et la justice sur la terre; Car c'est à cela que je prends plaisir, dit l'Eternel. Qui pourra décrire toute la bonté de l'Eternel Dieu ?" Jérémie*

9:24

"L'Éternel descendit dans une nuée, se tint là auprès de lui, et proclama le nom de l'Éternel. Et l' Éternel passa devant lui, et s'écria: L'Éternel, l'Éternel, Dieu miséricordieux et compatissant, lent à la colère, riche en bonté et en fidélité, qui conserve son amour jusqu'à mille générations, qui pardonne l'iniquité, la rébellion et le péché ...Lorsque Moïse entendit ces paroles, il s'inclina jusqu'a terre et adora l'Éternel." Exode 34.5/7

Moïse comme beaucoup d'autres a voulu connaître l'Éternel et il a prié pour cela. Il a recherché cette connaissance en s'approchant de Dieu. Exode 33:18

Nous devons aspirer à connaître Dieu et apprendre à considérer ses vertus inégalables, parfaites et infinies. Nous en avons la démonstration dans de nombreux exemples des Écritures, ainsi que dans la vie de tous les jours et nous sommes ainsi encouragés à nous confier totalement en Lui. L'apôtre Paul écrit qu'il priait pour les disciples dans ce sens :

... afin que le Dieu de notre Seigneur Jésus-Christ, le Père de gloire, vous donne un esprit de sagesse et de révélation, dans sa connaissance, et qu'il illumine les yeux de votre cœur, pour que vous sachiez quelle est l'espérance qui s'attache à son appel, quelle est la richesse de la gloire de son héritage qu'il réserve aux saints, et quelle est envers nous qui croyons l'infinie grandeur de sa puissance, se manifestant avec efficacité par la vertu de sa force." Éphésiens 1.17/19 "

Le Saint-Esprit, par la bouche du psalmiste nous exhorte à connaître la bonté de Dieu :

"Sentez et voyez combien l'Éternel est bon! Heureux l'homme qui cherche en lui son refuge!" Psaumes 34:8

Oui Dieu est bon, infiniment bon. Ses bontés ne sont jamais épuisées, ni sa compassion, et chaque jour nous en sommes bénéficiaires.

"Seigneur, c'est par tes bontés qu'on jouit de la vie, C'est par elles que je respire encore; Tu me rétablis, tu me rends à la vie." Esaïe 38:16

Nous devons proclamer la bonté du Seigneur :

> *"Qu'on proclame le souvenir de ton immense bonté, Et qu'on célèbre ta justice! L'Éternel est miséricordieux et compatissant, Lent à la colère et plein de bonté. L'Éternel est bon envers tous, Et ses compassions s'étendent sur toutes ses oeuvres. L'Éternel soutient tous ceux qui tombent, Et il redresse tous ceux qui sont courbés. Les yeux de tous espèrent en toi, Et tu leur donnes la nourriture en son temps. Tu ouvres ta main, Et tu rassasies à souhait tout ce qui a vie. Psaume 145.7/9 ... 14/16.*

Jésus enseigne que Dieu est bon envers tous : *"... car il fait lever son soleil sur les méchants et sur les bons, et il fait pleuvoir sur les justes et sur les injustes."* Matthieu 5.44.

Lorsque l'apôtre Paul prêchait, il annonçait la bonté de Dieu, envers toutes ses créatures, en exerçant sa souveraineté sur les lois de l'univers :

> *... vous apportant une bonne nouvelle, nous vous exhortons à renoncer à ces choses vaines, pour vous tourner vers le Dieu vivant, qui a fait le ciel, la terre, la mer, et tout ce qui s'y trouve. Ce Dieu, dans les âges passés, a laissé toutes les nations suivre leurs propres voies, quoiqu'il n'ait cessé de rendre témoignage de ce qu'il est, en faisant du bien, en vous dispensant du ciel les pluies et les saisons fertiles, en vous donnant la nourriture avec abondance et en remplissant vos cœurs de joie."* Actes 14.15/17 "

Après avoir été miraculeusement guéri par l'Éternel, le roi Ezéchias lui rend grâces par ces paroles :

> *"Seigneur, c'est par tes bontés qu'on jouit de la vie, C'est par elles que je respire encore; Tu me rétablis, tu me rends à la vie."* Esaïe 38:16.

Dieu est bon, parfaitement bon, éternellement bon, et c'est ce qui fait notre espérance :

> *"Voici ce que je veux repasser en mon cœur, Ce qui me donnera de l'espérance. Les bontés de l'Éternel ne sont pas épuisées, Ses compassions ne sont pas à leur terme; Elles se renouvellent chaque matin. Oh! que ta fidélité est grande!"* Lam. 3:20.

Une des prières de l'apôtre Paul concerne justement la manifestations de sa bonté : *"... qu'il accomplisse par sa puissance tous les desseins bienveillants de sa bonté, et l'œuvre de votre foi." 2 Thessaloniciens 1:11*

Il y a beaucoup d'autres passages dans la Bible qui proclament la bonté infinie et éternelle de Dieu, en les lisant nous apprenons que sa bonté a pour objet principal de faire du bien, de bénir, de secourir, etc.

Jésus, qui a parfaitement accompli la volonté de son Père, a démontré sa bonté par ses œuvres :

> *"Jésus de Nazareth allait de lieu en lieu faisant du bien et guérissant tous ceux qui étaient sous l'empire du diable, car Dieu était avec lui." Actes 10.38.*

Nous pouvons affirmer que dans sa bonté envers les hommes Dieu conçoit en notre faveur de bienveillants desseins, comme il l'affirme par son prophète :

> *"Car je connais les projets que j'ai formés sur vous, dit l'Éternel, projets de paix et non de malheur, afin de vous donner un avenir et de l'espérance." Jérémie 29:11*

Nous reconnaissons et nous témoignons que Dieu manifeste sa bonté en tout temps et de toute manière.

Dieu est bon pour pardonner nos péchés. Dans sa bonté il guérit les malades. C'est parce qu'il est bon qu'il exauce nos prières. C'est à cause de sa bonté qu'il veille sur les lois qui régissent la vie sur la terre et bien d'autres choses encore ...

> *"L'Éternel est miséricordieux et compatissant, Lent à la colère et riche en bonté; Il ne conteste pas sans cesse, Il ne garde pas sa colère à toujours; Il ne nous traite pas selon nos péchés, Il ne nous punit pas selon nos iniquités. Mais autant les cieux sont élevés au-dessus de la terre, Autant sa bonté est grande pour ceux qui le craignent; autant l'orient est éloigné de l'occident, Autant il éloigne de nous nos transgressions. Comme un père a compassion de ses enfants, L'Éternel a compassion de ceux qui le craignent. Car il sait de quoi nous sommes formés, Il se souvient que nous sommes poussière. Psaume 103.8/14*

> *"Mais, lorsque la bonté de Dieu notre Sauveur et son amour pour les hommes ont été manifestés, il nous a sauvés, non à cause des oeuvres de*

justice que nous aurions faites, mais selon sa miséricorde, par le baptême de la régénération et le renouvellement du Saint-Esprit, qu'il a répandu sur nous avec abondance par Jésus-Christ notre Sauveur, afin que, justifiés par sa grâce, nous devenions, en espérance, héritiers de la vie éternelle." Tite 3:4/7

Nous sommes exhortés à louer Dieu pour sa bonté :

"Louez l'Éternel! car l'Éternel est bon. Chantez à son nom! car il est favorable." Psaumes 135:3

"Qu'ils louent l'Éternel pour sa bonté, Et pour ses merveilles en faveur des fils de l'homme!" Psaumes 107:8, 15, 21, 31 :

Chapitre 5 - Dieu est fidèle

Dans la Bible, où il apparait régulièrement quand il est question de Dieu, le mot fidélité a le sens de solidité (tenir solidement comme avec un lien que rien ne peut rompre), de fermeté (ferme comme un roc). Dieu dans sa fidélité est comparé à un rocher que rien ne peut ébranler.

> *Il est le rocher ; ses œuvres sont parfaites, Car toutes ses voies sont justes ; C'est un Dieu fidèle et sans iniquité, Il est juste et droit. Deutéronome 32:4*

Le psalmiste illustre Dieu dans sa fidélité par l'image d'une tour forte dans laquelle on trouve un refuge sûr. La fidélité inspire la confiance et l'espérance.

> *Dieu ! écoute mes cris, Sois attentif à ma prière !*
>
> *Du bout de la terre je crie à toi, le cœur abattu ; Conduis–moi sur le rocher que je ne puis atteindre !*
>
> *Car tu es pour moi un refuge, Une tour forte, en face de l'ennemi.*
>
> *Je voudrais séjourner éternellement dans ta tente, Me réfugier à l'abri de tes ailes. Psaume 61:2-4*

On retrouve la même pensée sous la plume de Salomon :

> *Le nom de l'Eternel est une tour forte ; Le juste s'y réfugie, et se trouve en sûreté. Proverbes 18:10*

Si dans ces passages le mot "fidélité" ne figure pas, la pensée y est très fortement présente, surtout lorsqu'on les compare avec les paroles particulièrement éloquentes et encourageantes du psaume 91 :

> *Celui qui demeure sous l'abri du Très–Haut Repose à l'ombre du Tout Puissant.*
>
> *Je dis à l'Eternel : Mon refuge et ma forteresse, Mon Dieu en qui je me confie !*
>
> *Car c'est lui qui te délivre du filet de l'oiseleur, De la peste et de ses ravages.*

Il te couvrira de ses plumes, Et tu trouveras un refuge sous ses ailes ;

Sa fidélité est un bouclier et une cuirasse. Psaume 91:1-4

De nombreux passages bibliques mettent en évidence la sécurité que trouvent ceux qui se confient en Dieu, comme le dit l'Eternel par son prophète :

Car ainsi a parlé le Seigneur, l'Eternel, le Saint d'Israël : C'est dans la tranquillité et le repos que sera votre salut, C'est dans le calme et la confiance que sera votre force. Esaïe 30:15

Lorsque nous parlons de la fidélité de Dieu, nous incluons bien entendu la fidélité de son Fils, notre Seigneur Jésus-Christ. Le témoin fidèle, le premier-né des morts, et le prince des rois de la terre! Celui qui nous aime, qui nous a délivrés de nos péchés par son sang, et qui a fait de nous un royaume, des sacrificateurs pour Dieu son Père.

A lui soient la gloire et la puissance, aux siècles des siècles! Amen! Apocalypse 1:5

Le Seigneur Jésus-Christ nous assure aussi de sa fidèle protection :

Mes brebis entendent ma voix ; je les connais, et elles me suivent.

Je leur donne la vie éternelle ; et elles ne périront jamais, et personne ne les ravira de ma main.

Mon Père, qui me les a données, est plus grand que tous ; et personne ne peut les ravir de la main de mon Père. Moi et le Père nous sommes un. Jean 10:27-30

L'auteur de l'épitre aux Hébreux à beaucoup parlé du ministère d'intercession du Seigneur Jésus-Christ ressuscité et présent pour nous devant le Père.

Christ est fidèle comme Fils sur sa maison; et sa maison, c'est nous, pourvu que nous retenions jusqu'à la fin la ferme confiance et l'espérance dont nous nous glorifions. Hébreux 3:6

Il présente cette fonction du ministère de Christ comme une chose capitale.

> Le point capital de ce qui vient d'être dit, c'est que nous avons un tel souverain sacrificateur, qui s'est assis à la droite du trône de la majesté divine dans les cieux, comme ministre du sanctuaire et du véritable tabernacle, qui a été dressé par le Seigneur et non par un homme. Hébreux 8:1

L'apôtre Jean écrit :

> Mes petits enfants, je vous écris ces choses, afin que vous ne péchiez point. Et si quelqu'un a péché, nous avons un avocat auprès du Père, Jésus-Christ le juste.
>
> Il est lui-même une victime expiatoire pour nos péchés, non seulement pour les nôtres, mais aussi pour ceux du monde entier.
>
> Alors nous disons avec l'apôtre Paul : Qui peut nous séparer de l'amour du Christ ? Romains 8:35

Louons Dieu pour sa fidélité

Les croyants cités dans la Bible ont abondamment célébré la fidélité de l'Eternel. Il en est fait mention dans une quarantaine de psaumes, avec ces principales citations :

> Cantique pour le jour du sabbat. Il est beau de louer l'Eternel, Et de célébrer ton nom, ô Très-Haut ! D'annoncer le matin ta bonté, Et ta fidélité pendant les nuits ... Psaume 92:1
>
> Je te louerai au son du luth, je chanterai ta fidélité, mon Dieu, Je te célébrerai avec la harpe, Saint d'Israël ! Psaumes 71:22
>
> Je te louerai parmi les peuples, Seigneur ! Je te chanterai parmi les nations.
>
> Car ta bonté atteint jusqu'aux cieux, Et ta fidélité jusqu'aux nues. Psaume 57:9,10

La fidélité est un attribut de Dieu. Elle fait intégralement partie de sa nature. Il se présente comme

> l'Eternel, Dieu miséricordieux et compatissant, lent à la colère, riche en bonté et en fidélité, qui conserve son amour jusqu'à mille générations. Exode 34:6

Comme le confirment encore de nombreux passages de la Bible, sa fidélité, associée à sa bonté, "dure toujours". Elles sont éternelles.

> Car l'Eternel est bon ; sa bonté dure toujours, Et sa fidélité de génération en génération. Psaumes 100:5

> Car sa bonté pour nous est grande, Et sa fidélité dure à toujours. Louez l'Eternel ! Psaumes 117:2

C'est peut-être parce que nous avons tellement de lacunes dans ce domaine que nous ne sommes pas suffisamment conscients de la grande fidélité de Dieu.

Le prophète Jérémie, dans ses moments de profond découragement, trouve son réconfort dans la pensée de la fidélité éternelle de Dieu. Il dit : **Oh ! que ta fidélité est grande !** Lamentations de Jérémie 3: 21-25

Nous pouvons douter de la fidélité des autres et même de la notre, mais jamais de celle de Dieu.

> Eh quoi ! si quelques-uns n'ont pas cru, leur incrédulité anéantira-t-elle la fidélité de Dieu ? Romains 3:3

> Si nous sommes infidèles, il demeure fidèle, car il ne peut se renier lui-même. 2 Timothée 2:13

Dieu est un rocher

Un rocher, environné et souvent battu par les flots impétueux de la mer, ou encore qui s'élève majestueux dans une chaine de montagne, produit le sentiment d'invulnérabilité, d'immuabilité. Une chose que rien ne pourra jamais détruire.

David adressa à l'Eternel les paroles de ce cantique, lorsque l' Eternel l'eut délivré de la main de tous ses ennemis et de la main de Saül. Il dit :

> L'Eternel est mon rocher, ma forteresse, mon libérateur.

> Dieu est mon rocher, où je trouve un abri, Mon bouclier et la force qui me sauve, Ma haute retraite et mon refuge. O mon Sauveur ! tu me garantis de

la violence. 2 Samuel 22: 1...

Nous apprécions de trouver quelqu'un en qui nous pouvons avoir une totale confiance à cause de sa fidélité.

Moïse l'homme de Dieu, a rendu à l'Eternel ce témoignage fort :

> *Cieux ! prêtez l'oreille, et je parlerai ; Terre ! écoute les paroles de ma bouche.*
>
> *Que mes instructions se répandent comme la pluie, Que ma parole tombe comme la rosée, Comme des ondées sur la verdure, Comme des gouttes d'eau sur l'herbe !*
>
> *Car je proclamerai le nom de l'Eternel. Rendez gloire à notre Dieu !*
>
> *Il est le rocher ; ses œuvres sont parfaites, Car toutes ses voies sont justes ; C'est un Dieu fidèle et sans iniquité, Il est juste et droit. Deutéronome 32:1-4*

Il est le rocher ses œuvres sont parfaites

Nous avons besoin d'acquérir ou de retrouver la notion biblique de la fidélité de Dieu, celle qui nous le montre toujours présent, attentif et disponible, en faveur de tous ceux qui cherchent en Lui du secours. Mais nous avons aussi certainement besoin de nous humilier en reconnaissant notre manque de zèle à le chercher et à le servir, comme le reprochait Moïse aux enfants de Jacob :

> *S'ils se sont corrompus, à lui n'est point la faute ; La honte est à ses enfants, Race fausse et perverse.*
>
> *Est-ce l'Eternel que vous en rendrez responsable, Peuple insensé et dépourvu de sagesse ? N'est-il pas ton père, ton créateur ? N'est-ce pas lui qui t'a formé, et qui t'a affermi ?*
>
> *Rappelle à ton souvenir les anciens jours, Passe en revue les années, génération par génération, Interroge ton père, et il te l'apprendra, Tes vieillards, et ils te le diront. Deutéronome 32:5-7*

Je crois, je suis même certain, qu'il nous faut revenir à la piété ancienne des vrais croyants qui ne se contentaient pas de quelques pratiques religieuses rassurantes, mais dont la foi et la vie dépendaient de la fidélité de Dieu.

> *Sur Dieu reposent mon salut et ma gloire ; Le rocher de ma force, mon refuge, est en Dieu. Psaumes 62:7*

> *Sois pour moi un rocher qui me serve d'asile, Où je puisse toujours me retirer ! Tu as résolu de me sauver, Car tu es mon rocher et ma forteresse. Psaumes 71:3*

> *C'est par la foi que Sara elle-même, malgré son âge avancé, fut rendue capable d'avoir une postérité, parce qu'elle crut à la fidélité de celui qui avait fait la promesse. Hébreux 11:11*

Ceux de la Nouvelle Alliance ont aussi montré une foi inébranlable dans la grâce et le soutien quotidien du Seigneur Jésus, leur maître auquel ils étaient fortement attachés, comme le proclament l'apôtre Pierre et l'apôtre Paul :

> *Simon Pierre lui répondit : Seigneur, à qui irions-nous ? Tu as les paroles de la vie éternelle.*

> *Et nous avons cru et nous avons connu que tu es le Christ, le Saint de Dieu. Jean 6:68*

> *Je sais en qui j'ai cru, et je suis persuadé qu'il a la puissance de garder mon dépôt jusqu'à ce jour-là. 2 Timothée 1:12*

> *Si je vis maintenant dans la chair, je vis dans la foi au Fils de Dieu, qui m'a aimé et qui s'est livré lui-même pour moi. Galates 2:20*

Lorsque le psalmiste évoquait la sécurité du Rocher Eternel, il avait à la pensée les montagnes de Judée, où il se réfugiait dans les grottes des rochers lorsque ses ennemis le poursuivaient. Il pouvait aussi conclure que seul l'Eternel était sa réelle protection :

> *Cantique des degrés. Je lève mes yeux vers les montagnes... D'où me viendra le secours ?*

> *Le secours me vient de l'Eternel, Qui a fait les cieux et la terre. Il ne permettra point que ton pied chancelle ; Celui qui te garde ne sommeillera point. Voici, il ne sommeille ni ne dort, Celui qui garde Israël. Psaume 121:3*

Ecoutons et recevons l'exhortation du prophète :

> *A celui qui est ferme dans ses sentiments Tu assures la paix, la paix, Parce qu'il se confie en toi.*
>
> *Confiez-vous en l'Eternel à perpétuité, Car l'Eternel, l'Eternel est le rocher des siècles. Esaïe 26:3,4*

Dieu, une tour forte

David, toujours lui, qui avait une si grande confiance en Dieu, s'écrie :

> *O Dieu ! écoute mes cris, Sois attentif à ma prière !*
>
> *Du bout de la terre je crie à toi, le cœur abattu ; Conduis-moi sur le rocher que je ne puis atteindre !*
>
> *Car tu es pour moi un refuge, Une tour forte, en face de l'ennemi. Psaume 61:1*

Nous voyons encore çà et là, de ces forteresses impressionnantes par leur hauteur et l'épaisseur de leurs murs, qui devaient apparaître imprenables, mais qui cependant finissaient par être investies par des guerriers intrépides et valeureux.

Jérusalem était entre autres une ville fortifiée où les habitants se réfugiaient lors des attaques des armées ennemies. Jéricho fut aussi une forteresse impressionnante, mais nous savons comment Josué et ses troupes en sont venu à bout, par la foi. Hébreux 11.30

Il existe une forteresse invincible et éternelle dans laquelle nous pouvons aujourd'hui nous réfugier.

> *Le nom de l'Eternel est une tour forte ; Le juste s'y réfugie, et se trouve en sûreté. Proverbes 18:10*
>
> *Comme David et les véritables croyants nous pouvons prier :*
>
> *Je dis à l'Eternel : Mon refuge et ma forteresse, Mon Dieu en qui je me confie ! Psaumes 91:2*

Car tu es pour moi un refuge, Une tour forte, en face de l'ennemi. Je voudrais séjourner éternellement dans ta tente, Me réfugier à l'abri de tes ailes. Psaumes 61:3

Un bouclier, une cuirasse

La Bible utilise des images très suggestives pour nous encourager à rechercher la protection de Dieu, comme dans ces paroles du psalmiste : *Sa fidélité est un bouclier et une cuirasse.* Psaumes 91:4

Un bouclier que l'on place entre soi et l'ennemi qui lance ses flèches ou menace de sa lance. Une cuirasse qui entoure et protège le corps contre les coups de l'adversaire.

L'apôtre Paul écrit : *Prenez par–dessus tout cela le bouclier de la foi, avec lequel vous pourrez éteindre tous les traits enflammés du malin. Ephésiens 6*

La foi en Dieu nous place sous sa protection, le faisant intervenir entre nous et notre adversaire. En réalité le bouclier c'est Dieu et notre foi en Lui le fait mouvoir !

Heureux celui qui a pour secours le Dieu de Jacob, Qui met son espoir en l'Eternel, son Dieu ! Psaumes 146:5

A chaque fois que dans la Bible il est question d'une personne dont l'Eternel est le Dieu cela nous invite à considérer la façon dont le Seigneur est intervenu dans sa vie. Nous sommes encouragés par la fidélité dont Dieu a fait preuve en faveur de tous ceux qui ont placé en Lui leur confiance: Abraham, Isaac, Jacob, puis d'autre encore comme Samuel, David, Daniel, etc.

Dieu exprime sa fidélité dans plusieurs domaines, soit en faveur du monde en général, en faisant du bien, en veillant à la stabilité des lois naturelles qui régissent l'univers, d'une manière plus spirituelle par le témoignage de la Bonne Nouvelle de Jésus-Christ dans le monde entier.

Il l'exprime aussi en faveur d'une nation, pour l'accomplissement de ses desseins, d'une manière toute particulière à l'égard d'Israël.

Il la manifeste aussi en faveur de quiconque cherche à le connaître, l'invoque pour être secouru, quelque soit sa nationalité, sa race ou sa religion.

Enfin, Dieu exerce sa fidélité comme un Père en faveur de ses enfants.

En pardonnant nos péchés

> *Si nous confessons nos péchés, il est fidèle et juste pour nous les pardonner, et pour nous purifier de toute iniquité. 1 Jean 1:9*

En prenant soin de nous, nous guérissant de nos maladies, renouvelant nos forces chaque jour, et pourvoyant à nos besoins jusqu'à la fin de notre vie terrestre.

> *Mon âme, bénis l'Eternel, Et n'oublie aucun de ses bienfaits !*
>
> *C'est lui qui pardonne toutes tes iniquités, Qui guérit toutes tes maladies ;*
>
> *C'est lui qui délivre ta vie de la fosse, Qui te couronne de bonté et de miséricorde ;*
>
> *C'est lui qui rassasie de biens ta vieillesse, Qui te fait rajeunir comme l'aigle.*

En exhaussant nos prières, comme le témoigne David dans un psaume.

> *En toi se confiaient nos pères ; Ils se confiaient, et tu les délivrais.*
>
> *Ils criaient à toi, et ils étaient sauvés ; Ils se confiaient en toi, et ils n'étaient point confus. Psaume 22:4*

En nous secourant dans la tentation, nous préservant de la chute et nous délivrant du mal.

> *Aucune tentation ne vous est survenue qui n'ait été humaine, et Dieu, qui est fidèle, ne permettra pas que vous soyez tentés au delà de vos forces ; mais avec la tentation il préparera aussi le moyen d'en sortir, afin que vous puissiez la supporter. 1 Corinthiens 10:13*

En nous affermissant jusqu'à la fin

> *Il vous affermira aussi jusqu'à la fin, pour que vous soyez irréprochables au jour de notre Seigneur Jésus–Christ.*
>
> *Dieu est fidèle, lui qui vous a appelés à la communion de son Fils, Jésus–Christ notre Seigneur. 1 Corinthiens 1:8,9*

Mais aussi en nous corrigeant lorsque nous le méritons. C'est un aspect de la fidélité de Dieu que nous ne réalisons pas suffisamment.

> *Je sais, ô Eternel ! que tes jugements sont justes ; C'est par fidélité que tu m'as humilié Psaumes 119:75*
>
> *Moi, je reprends et je châtie tous ceux que j'aime. Aie donc du zèle, et repens–toi. Apocalypse 3:19*
>
> *Avant d'avoir été humilié, je m'égarais ; Maintenant j'observe ta parole. Psaumes 119:67 ¶*
>
> *Vous n'avez pas encore résisté jusqu'au sang, en luttant contre le péché.*
>
> *Et vous avez oublié l'exhortation qui vous est adressée comme à des fils: Mon fils, ne méprise pas le châtiment du Seigneur, Et ne perds pas courage lorsqu'il te reprend ;*
>
> *Car le Seigneur châtie celui qu'il aime, Et il frappe de la verge tous ceux qu'il reconnaît pour ses fils.*
>
> *Supportez le châtiment : c'est comme des fils que Dieu vous traite ; car quel est le fils qu'un père ne châtie pas ?*
>
> *Mais si vous êtes exempts du châtiment auquel tous ont part, vous êtes donc des enfants illégitimes, et non des fils.*
>
> *D'ailleurs, puisque nos pères selon la chair nous ont châtiés, et que nous les avons respectés, ne devons–nous pas à bien plus forte raison nous soumettre au Père des esprits, pour avoir la vie ?*
>
> *Nos pères nous châtiaient pour peu de jours, comme ils le trouvaient bon ; mais Dieu nous châtie pour notre bien, afin que nous participions à sa sainteté. Hébreux 12:4-10*

D'une manière générale, Dieu est fidèle à toute sa Parole, à toutes les prophéties annoncées, et à toutes les promesses, contenues dans la Bible

Conclusion

> *Du sein de la détresse j'ai invoqué l'Eternel : L'Eternel m'a exaucé, m'a mis au large.*

L'Eternel est pour moi, je ne crains rien : Que peuvent me faire des hommes ?

L'Eternel est mon secours, Et je me réjouis à la vue de mes ennemis.

Mieux vaut chercher un refuge en l'Eternel Que de se confier à l'homme ;

Mieux vaut chercher un refuge en l'Eternel Que de se confier aux grands. Psaume 118:5-9

Ne vous confiez pas aux grands, Aux fils de l'homme, qui ne peuvent sauver.

Leur souffle s'en va, ils rentrent dans la terre, Et ce même jour leurs desseins périssent.

Heureux celui qui a pour secours le Dieu de Jacob, Qui met son espoir en l'Eternel, son Dieu !

Il a fait les cieux et la terre, La mer et tout ce qui s'y trouve. Il garde la fidélité à toujours. Psaume 146:3-6

La fidélité de Dieu est un encouragement et un stimulant pour les croyants, chez qui Dieu cherche une fidélité réciproque, c'est à dire une foi persévérante envers lui et une conduite constante et loyale en toutes circonstances.

Il vous affermira aussi jusqu'à la fin, pour que vous soyez irréprochables au jour de notre Seigneur Jésus–Christ.

Dieu est fidèle, lui qui vous a appelés à la communion de son Fils, Jésus–Christ notre Seigneur. 1 Corinthiens 1:8,9

Chapitre 6 - Le regard de Dieu

Lorsqu'il est question du regard de Dieu, il ne s'agit pas seulement de ce qu'il voit mais comment il voit.

Dieu voit et connaît parfaitement tout, dans le ciel, dans l'Univers, sur la terre et dans le monde inférieur des esprits. Le regard de Dieu va au delà de ce qui est visible, il sonde et voit dans les profondeurs mêmes du cœur et des pensées des hommes.

> *Même les ténèbres ne sont pas obscures pour toi, La nuit brille comme le jour, Et les ténèbres comme la lumière. Psaumes 139:12*

Le regard de Dieu se porte particulièrement sur les êtres humains :

> *L'Eternel regarde du haut des cieux, Il voit tous les fils de l'homme;*
>
> *Du lieu de sa demeure il observe Tous les habitants de la terre,*
>
> *Lui qui forme leur cœur à tous, Qui est attentif à toutes leurs actions. Ps 33.13/15*

Dieu a une connaissance infinie: il connaît toutes choses à la perfection depuis toute éternité, qu'elles soient passées, présentes ou futures; il les connaît de façon immédiate, simultanée, exhaustive et vraie.

Un des caractéristique de la façon dont dieu voit les choses c'est sa perspective. Plus on est élevé plus l'horizon s'élargit et plus le regard s'étend au loin.

Dieu est assis sur un trône très élevé, cela veut dire que non seulement il est au dessus de toutes choses, mais encore que son regard englobe tout.

De plus Il n'est pas limité par un corps ou des contraintes physiques. Dieu est esprit, ce qui ne l'empêche pas de voir ce qui est physique et matière.

Dans cette étude, il est question de "la façon dont Dieu voit" : de Sa Vision. Pour la découvrir, il faut sortir de nos propres pensées et conceptions pour chercher la pensée du Seigneur qui dit par son prophète :.

> *"Il y a une grande distance entre mes façons de faire et les vôtres, entre mes pensées et vos pensées. Elle est aussi grande que la distance entre le*

ciel et la terre." Esaïe 55:9.

Nous les humains, nous avons souvent tendance à prendre nos pensées pour celles de Dieu et ainsi nous décrétons que notre vision est la bonne, affirmant ainsi d'une manière péremptoire : "Voilà la pensée de Dieu". Nous devons faire preuve d'humilité en reconnaissant que souvent notre connaissance imparfaite déforme la réalité.

> *"À présent, nous ne voyons pas les choses clairement, nous les voyons comme dans un miroir, mais plus tard, nous verrons face à face. À présent, je ne connais pas tout, mais plus tard, je connaîtrai comme Dieu me connaît." 1 Corinthiens 13:12*

Puis trop souvent notre regard s'attache aux apparence, tandis que Dieu voit au delà de ce qui est visible :

> *Et l'Eternel dit à Samuel: Ne prends point garde à son apparence et à la hauteur de sa taille, car je l'ai rejeté. L'Eternel ne considère pas ce que l'homme considère; l'homme regarde à ce qui frappe les yeux, mais l'Eternel regarde au cœur. 1 Samuel 16:7*

Maintenant, réfléchissons ensemble à quelques questions : comment Dieu regarde-t-Il les nations du monde et leurs dirigeants ? Comment il regarde chaque être humain ? comment il regarde et voit l'Église de son fils Jésus-Christ et chaque église locale ? Comment il regarde et voit chacun de ses enfants ? Comment il me regarde "moi" et me voit ? Comment il te regarde "toi" et te voit ?

Chapitre 7 - Le regard de Dieu sur le Monde

Comment Dieu voit-il le monde ?

Essayons de comprendre ce que Dieu pense du monde, comment perçoit-il ce qui émane des habitants de la terre. Dieu a sa propre idée concernant la façon dont les dirigeants des nations gouvernent. Voici ce qu'en dit Jésus :

> *"Vous savez que ceux qu'on regarde comme les chefs des nations les tyrannisent, et que les grands les dominent." Marc 10:42.*

Il y a un esprit de séduction qui est à l'œuvre dans le monde et qui inspire des sentiments mauvais et des actes de malveillance. L'apôtre Paul écrit agit dans le cœur de ceux qui n'obéissent pas à Dieu.

Dieu a une vision très précise du monde. A l'époque d'Énoch et de Noé, voici ce que Éternel voyait des habitants de la terre :

> *"Dieu regarda la terre, et voici, elle était corrompue; car toute chair avait corrompu sa voie sur la terre." Genèse 6:12.*

A un autre moment de l'histoire du monde, voici ce que Dieu dit de la terre :

> *"La terre chancelle comme un homme ivre, Elle vacille comme une cabane; Son péché pèse sur elle, Elle tombe, et ne se relève plus." Esaïe 24:20.*

Jésus a décrit la situation des derniers temps par ces paroles :

> *"Car, dans les jours qui précédèrent le déluge, les hommes mangeaient et buvaient, se mariaient et mariaient leurs enfants, jusqu'au jour où Noé entra dans l'arche, et ils ne se doutèrent de rien, jusqu'à ce que le déluge vînt et les emportât tous: il en sera de même à l'avènement du Fils de l'homme." Matthieu 24:38-39*

Ce n'est pas faire preuve de pessimisme que de rappeler ce qu'écrit l'apôtre Paul :

> *"Sache que, dans les derniers jours, il y aura des temps difficiles. Car les hommes seront égoïstes, amis de l'argent, fanfarons, hautains, blasphémateurs, rebelles à leurs parents, ingrats, irréligieux, insensibles,*

déloyaux, calomniateurs, intempérants, cruels, ennemis des gens de bien, traîtres, emportés, enflés d'orgueil, aimant le plaisir plus que Dieu, ayant l'apparence de la piété, mais reniant ce qui en fait la force." 2 Timothée 3.1/5

Peut-être trouvons-nous que tout va bien dans notre monde parce que nous ne sommes pas touchés directement, mais le regard de Dieu va au delà de tout ce que nous pouvons percevoir. Lisons encore quelques textes bibliques qui nous apprendrons de quelle façon Dieu voit le monde :

"l'Éternel regarde du haut des cieux, Il voit tous les fils de l'homme; Du lieu de sa demeure il observe Tous les habitants de la terre." Psaume 33.13/14

"Dieu, du haut des cieux, regarde les fils de l'homme, Pour voir s'il y a quelqu'un qui soit intelligent, Qui cherche Dieu. Tous sont égarés, tous sont pervertis; Il n'en est aucun qui fasse le bien, Pas même un seul." Psaume 53.2/3

Jésus dit que le monde le hait parce qu'il rend de lui le témoignage que que ses œuvres sont mauvaises. Il ajoute que ses disciples seront haïs de la même manière s'ils veulent demeurer fidèles :Jean 7.7 et 15.19.

Dieu regarde les nations sans concession :

"Approchez, nations, pour entendre! Peuples, soyez attentifs! Que la terre écoute, elle et ce qui la remplit, Le monde et tout ce qu'il produit! Car la colère de Éternel va fondre sur toutes les nations, Et sa fureur sur toute leur armée: Il les voue à l'extermination, Il les livre au carnage." Esaïe 34.1/2

Pourquoi est-il écrit que la colère de Dieu va venir sur le monde, comme cela est annoncé dans le livre de l'Apocalypse ?

"Les rois de la terre, les grands, les chefs militaires, les riches, les puissants, tous les esclaves et les hommes libres, se cachèrent dans les cavernes et dans les rochers des montagnes. Et ils disaient aux montagnes et aux rochers: Tombez sur nous, et cachez-nous devant la face de celui qui est assis sur le trône, et devant la colère de l'agneau; car le grand jour de sa colère est venu, et qui peut subsister ?" Apocalypse 6.15/17

Le prophète Esaïe donnait la réponse bien longtemps avant :

> *"Je punirai le monde pour sa malice, Et les méchants pour leurs iniquités; Je ferai cesser l' orgueil des hautains, Et j'abattrai l'arrogance des tyrans." Esaïe 13:11*

L'apôtre Jean révèle la principale cause de cette situation :

> *"le monde entier est sous la puissance du malin." 1 Jean 5:19.*

Nous devons savoir qu'il y a une puissance occulte qui agit dans le monde et le séduit :

> *"le grand dragon, le serpent ancien, appelé le diable et Satan, celui qui séduit toute la terre," Apocalypse 12:9.*

Alors que nous ne voyons que quelques manifestations des puissances des ténèbres, Dieu voit l'activité intense de tous les démons, des esprits méchants, des puissances et des dominations qui sont à l'œuvre pour soumettre le monde au pouvoir de son prince, Satan.

Jésus l'appelle : *"le prince de ce monde" Jean 12.31.*

C'est parce que Dieu connaît parfaitement la misérable situation du monde et qu'il désire le sauver, qu'il a

> *"envoyé son Fils unique afin que quiconque croit en lui ne périsse point, mais qu'il ait la vie éternelle. Dieu, en effet, n'a pas envoyé son Fils dans le monde pour qu'il juge le monde, mais pour que le monde soit sauvé par lui".*

Aussi le fils de Dieu est venu pour détruire les œuvres du diable et délivrer ceux qu'il retient captifs par son pouvoir de séduction, de mensonge, d'impureté et de mort : 1 Jean 3.8, Actes 10.38, Hébreux 2.14, etc.

Dieu connaît les causes exactes des catastrophes, des guerres, de la souffrance de toute une partie des populations de la terre.

"Les nations tombent dans la fosse qu'elles ont faite, Leur pied se prend au filet qu'elles ont caché." Psaumes 9:15

Un article récent révélait qu'à cause du réchauffement de la planète les cyclones sont plus nombreux et plus violents. Les hommes ont vite fait d'invoquer le hasard, des causes naturelles ou autres, sans chercher plus loin. A part quelques voix qui s'élèvent dénonçant les vrais causes.

Qui produit le réchauffement de la planète ? Ce phénomène est lié au gaz carbonique, le CO_2, et à d'autres gaz que nous rejetons dans l'environnement. C'est ce qui se passe chaque fois, par exemple, que nous utilisons notre voiture. Et ça, c'est incontestable, ça relève bien de notre responsabilité. Le transport aérien mondial de passagers émet davantage de gaz à effet de serre que l'ensemble des activités d'un pays comme la France, et l'augmentation prévue du trafic risque d'avoir un impact significatif sur le climat, estime l'Institut français de l'environnement (IFEN).

Le climat varie et variera toujours pour des raisons naturelles. Toutefois, les activités humaines augmentent de façon considérable les concentrations atmosphériques de certains gaz, tels que les gaz à effet de serre (principalement le CO_2), qui tendent à réchauffer la surface de la terre. Les conséquences seront des sécheresses majeures, des pénuries d'eau, la disparition de forêts, des difficultés dans l'agriculture, une montée du niveau des mers, une recrudescence de maladies.

Certains phénomènes extrêmes comme les sécheresses, les inondations, les vagues de chaleur, les avalanches, et les tempêtes de vent devraient augmenter en fréquence et/ou en intensité, tandis que d'autres tels que les vagues de froid, devraient diminuer.

Les pertes en vies humaines, les souffrances et les dommages causés par ces phénomènes devraient également augmenter avec le réchauffement climatique. Les régions les plus touchées seraient les régions les plus pauvres.

Le réchauffement de la planète est "une arme de destruction massive, au moins aussi dangereuse que les armes chimiques, nucléaires ou biologiques et donc que le terrorisme international", a affirmé un scientifique britannique de renom dans le Guardian.

Nous voyons aussi que des millions de personnes sur la terre deviennent de plus en plus pauvres alors qu'une autre partie de la population s'enrichit sans vergogne.

Qui est responsable de la concentration des richesses de la terre dans les mêmes mains ? Les intérêts économiques des nations riches empêchent une équitable répartition des richesses. Les grandes sociétés commerciales, industrielles, pétrolières, banquières et boursières, engrangent d'énormes bénéfices, alors qu'il n'y a jamais eu autant de gens en dessous du seuil de pauvreté.

Des populations entières meurent de faim, tandis que leurs dirigeants se vautrent dans le luxe et l'abondance. Voilà ce que Dieu dit à ces gens là :

> *"A vous maintenant, riches! Pleurez et gémissez, à cause des malheurs qui viendront sur vous. Vos richesses sont pourries, et vos vêtements sont rongés par les teignes. Votre or et votre argent sont rouillés; et leur rouille s'élèvera en témoignage contre vous, et dévorera vos chairs comme un feu. Vous avez amassé des trésors dans les derniers jours! Voici, le salaire des ouvriers qui ont moissonné vos champs, et dont vous les avez frustrés, crie, et les cris des moissonneurs sont parvenus jusqu'aux oreilles du Seigneur des armées. Vous avez vécu sur la terre dans les voluptés et dans les délices, vous avez rassasié vos cœurs au jour du carnage. Vous avez condamné, vous avez tué le juste, qui ne vous a pas résisté." Jacques 5.1/6*

Dans un autre domaine, Dieu sait pourquoi l'Évangile est bien accepté dans certains pays du monde et pénètre difficilement dans d'autres. Jésus connaissait la raison du refus de certaines populations :

> *"S'étant rendu dans sa patrie, il enseignait dans la synagogue, de sorte que ceux qui l'entendirent étaient étonnés et disaient: D'où lui viennent cette sagesse et ces miracles? N'est-ce pas le fils du charpentier? n'est-ce pas Marie qui est sa mère? Jacques, Joseph, Simon et Jude, ne sont-ils pas ses frères? et ses soeurs ne sont-elles pas toutes parmi nous? D'où lui viennent donc toutes ces choses? Et il était pour eux une occasion de chute. Mais Jésus leur dit: Un prophète n'est méprisé que dans sa patrie et dans sa maison. Et il ne fit pas beaucoup de miracles dans ce lieu, à cause de leur incrédulité." Matthieu 13.54/58*

Malgré un regain de spiritualité constaté un peu partout, la foi en Dieu et en Jésus-Christ diminue et si les apparences peuvent faire croire que la religiosité est toujours présente dans le monde, cela ne trompe pas Dieu.

Dieu voit le monde et les milliards d'hommes, de femmes, d'enfants, qui l'habitent et son attention se porte sur chacun d'eux. "Du lieu de sa demeure il observe Tous les habitants de la terre." Psaumes 33.14

Alors que nous aurions tendance à voir le monde tout bon ou tout méchant, en fonction de nos sentiments, le regard de Dieu est équitable. Il sait faire la différence entre les bons et les méchants, les justes et les injustes.

> *"Car les voies de l'homme sont devant les yeux de Éternel, Qui observe tous ses sentiers." Proverbes 5:21*

Il reconnaît les œuvres de ceux qui exercent la bonté ou de ceux qui font le mal. Ce qui ne veut pas dire qu'il y ait sur la terre quelqu'un qui soit parfaitement juste ou qui sera sauvé par ses œuvres ou par sa bonté.

> *"Il n'y a point de juste, Pas même un seul;" Romains 3:10. ..."Car tous ont péché et sont privés de la gloire de Dieu;" Romains 3:23.*

Le seul moyen que dieu ait donné aux hommes pour être sauvé, c'est la foi en Jésus-Christ.

> *Il n'y a de salut en aucun autre; car il n'y a sous le ciel aucun autre nom qui ait été donné parmi les hommes, par lequel nous devions être sauvés. Actes 4:12*

> *"Car c'est par la grâce que vous êtes sauvés, par le moyen de la foi. Et cela ne vient pas de vous, c'est le don de Dieu. Ce n'est point par les œuvres, afin que personne ne se glorifie." Éphésiens 2.8/9*

Dieu voit le monde peuplé d'hommes et de femmes perdus qui ont besoin de la grâce de son salut et de son secours, de la même façon que Jésus-Christ le fils de Dieu regardait les foules qui se massaient autour de lui:

> *"Voyant la foule, il fut ému de compassion pour elle, parce qu'elle était languissante et abattue, comme des brebis qui n'ont point de berger." Matthieu 9:36*

Il regarde avec compassion, un vaste champ à moissonner, pour lequel il y a besoin d'ouvriers : Matthieu 9.37/38

> *"La moisson est grande, mais il y a peu d'ouvriers. Priez donc le maître de la moisson d'envoyer des ouvriers dans sa moisson."*

Chapitre 8 - Le regard de Dieu sur chacun

Comment Dieu voit-il chaque être humain ?

Je le disais dans le chapitre précédent : Le regard de Dieu est équitable et juste, il sait reconnaître les bons et les méchants, les justes et les injustes. Il ne juge pas sur les apparences. Voici ce qu'il disait à Noé :

> *"Éternel dit à Noé: Entre dans l'arche, toi et toute ta maison; car je t'ai vu juste devant moi parmi cette génération." Genèse 7:1*

Pour mieux comprendre la façon dont Dieu regardait Noé, lisons ce passage :

> *"Mais Noé trouva grâce aux yeux de l'Éternel ...Noé était un homme juste et intègre dans son temps;" Genèse 6.8/9*

Noé marchait avec Dieu. Noé vivait au milieu d'un monde corrompu.

> *"La terre était corrompue devant Dieu, la terre était pleine de violence. Dieu regarda la terre, et voici, elle était corrompue; car toute chair avait corrompu sa voie sur la terre." Genèse 6.11/12*

Or, parmi les gens de sa génération, Noé était un homme juste et intègre; Il marchait avec Dieu.

Cela veut simplement dire que Noé demeurait intègre, "entier", dans son désir de faire ce qui est agréable à Dieu. Le passage suivant, parlant d'Abraham, précise la nature d'un homme juste :

> *"Tu trouvas son cœur fidèle devant toi..." Néhémie 9:7,8.*

> *Nous avons encore au Psaume 15:2 la notion de Dieu, concernant "la justice" de certaines personnes : Celui qui marche dans l'intégrité, qui pratique la justice et qui dit la vérité selon son cœur.*

L'apôtre Pierre a écrit :

> *"Dieu ne fait point acception de personnes, mais qu'en toute nation celui qui le craint et qui pratique la justice lui est agréable." Actes 10:34,35.*

Dans toutes les générations des hommes et des femmes se sont efforcé de faire ce qui est bien. Est-ce à dire qu'ils étaient parfaits ? Écoutons ce que Dieu dit de Job :

> *"Il n'y a personne comme lui sur la terre; c'est un homme intègre et droit, craignant Dieu, et se détournant du mal." Job 1:8*

Et pourtant Job dit de lui-même :

> *"Comment l'homme serait-il juste devant Dieu? S'il voulait contester avec lui, Sur mille choses il ne pourrait répondre à une seule." Job 9:2-3.*

Nous revenons toujours à cette parole :

> *"Car tous ont péché et sont privés de la gloire de Dieu; et ils sont gratuitement justifiés par sa grâce, par le moyen de la rédemption qui est en Jésus-Christ." Romains 3:23.*

Dieu n'est pas influencé, ni trompé par les apparences. Il regarde au cœur et voici ce qu'il voit :

> *"Dieu, du haut des cieux, regarde les fils de l'homme, Pour voir s'il y a quelqu'un qui soit intelligent, Qui cherche Dieu. Tous sont égarés, tous sont pervertis; Il n'en est aucun qui fasse le bien, Pas même un seul." Psaume 53:2,3*

> *"Le cœur est tortueux par-dessus tout, et il est méchant: Qui peut le connaître? Moi, Éternel, j'éprouve le cœur, je sonde les reins, Pour rendre à chacun selon ses voies, Selon le fruit de ses oeuvres." Jérémie 17:9/10*

> *"Car c'est du cœur que viennent les mauvaises pensées, les meurtres, les adultères, les impudicités, les vols, les faux témoignages, les calomnies." Matthieu 15:19*

Est-ce à dire qu'il y ait contradiction entre le fait que Dieu accorde à certains la qualité de juste et qu'en même temps il affirme qu'il n'y a pas de juste, pas même un seul ?

Parmi tous ceux que la Bible présente comme justes nous trouvons des imperfections, ainsi que parmi nos contemporains les meilleurs. Tous sont pécheurs et ont besoin de la grâce de Dieu qui seul est parfaitement pur, saint et exempt de tout mal. Quelqu'un oserait-il contredire cela ?

Jésus a répliqué à un homme : *"Il n'y a de bon que Dieu seul." Marc 10:18*

"Paul l'apôtre écrit : *...nous avons déjà prouvé que tous, Juifs et Grecs, sont sous l'empire du péché, selon qu'il est écrit: Il n'y a point de juste, Pas même un seul ..."* Romains 3.9/10. *"... Il n'y a point de distinction. Car tous ont péché et sont privés de la gloire de Dieu;" Romains 3.23.*

Arrêtons-nous devant une jeune femme qui, sans conteste, est un exemple de fidélité et certainement de pureté, celle qui est appelée "bienheureuse", Marie de Nazareth, la mère de Jésus, qui dit d'elle-même :

> *"Parce qu'il a jeté les yeux sur la bassesse de sa servante. Car voici, désormais toutes les générations me diront bienheureuse, parce que le Tout-Puissant a fait pour moi de grandes choses. Son nom est saint." Luc 1:48*

Elle reconnaît "sa bassesse" devant la sainteté du Dieu Très-Haut et l'ange lui dira que, si elle a été choisie pour être la mère de Jésus, le Fils du Très Haut, c'est parce qu'il lui a été fait grâce.

> *"Je te salue, toi à qui une grâce a été faite; le Seigneur est avec toi." Luc 1:28.*

Nous devrions être davantage conscients que les choix de Dieu le sont par grâce et non à cause de notre justice.

> *"il nous a sauvés, non à cause des œuvres de justice que nous aurions faites, mais selon sa miséricorde." Tite 3:5*

Je pourrais encore citer bien des exemples de nos contemporains, aussi bien parmi ceux qui professent une religion, que parmi ceux qui se déclarent agnostiques et s'investissent pour secourir des populations dans le besoins, les enfants ou autres personnes dans la misère. Dieu voit ces œuvres et sait en reconnaître la valeur. Si elles ne sont pas suffisantes pour sauver ceux qui les pratiquent, elles lui sont agréables.

> *"Alors Pierre, ouvrant la bouche, dit: En vérité, je reconnais que Dieu ne fait point acception de personnes, mais qu'en toute nation celui qui le craint et qui pratique la justice lui est agréable." Actes 10:34*

Quelle que soit la couleur de sa peau, sa nationalité, sa race ou sa religion, ses œuvres bonnes ou mauvaises, Dieu voit dans chaque homme et chaque femme une personne à sauver, pour laquelle Christ son fils unique a donné sa vie en sacrifice. C'est parce que Dieu connaît parfaitement notre cœur et notre incapacité à nous sauver et à nous transformer nous-mêmes, qu'il a donné son propre Fils, afin d'expier nos péchés et qu'il envoie son Esprit dans nos cœurs pour nous transformer.

> *"Car Dieu a tant aimé le monde qu'il a donné son Fils unique, afin que quiconque croit en lui ne périsse point, mais qu'il ait la vie éternelle." Jean 3:16*

> *"Si tu confesses de ta bouche le Seigneur Jésus, et si tu crois dans ton cœur que Dieu l'a ressuscité des morts, tu seras sauvé." Romains 10:9*

Lorsque Dieu déclare qu'une personne est juste, cette justice est, d'une part, relative par rapport à sa génération : "car je t'ai vu juste devant moi parmi cette génération". Genèse 7.1, et d'autre part, parce que Dieu lui fait grâce : "Mais Noé trouva grâce aux yeux de Éternel" Genèse 6:8.

Comment Dieu voit-il ceux qui ont cru en Jésus-Christ ?

Ici, la situation est très claire : il nous voit en Christ, revêtus de la justice de Christ, pardonnés et lavés de tous nos péchés par le sang de son Fils, réconciliés avec lui, il nous considère comme ses enfants. Voici quelques textes qui nous enseignent sur la façon dont Dieu voit ceux qui ont cru en son Fils Jésus-Christ :

> *"ils sont gratuitement justifiés par sa grâce, par le moyen de la rédemption qui est en Jésus-Christ." Romains 3:24*

> *"Sachez donc, hommes frères, que c'est par lui que le pardon des péchés vous est annoncé, et que quiconque croit est justifié par lui de toutes les choses dont vous ne pouviez être justifiés par la loi de Moïse." Actes 13.38/39*
>
> *Et c'est là ce que vous étiez, quelques-uns de vous. Mais vous avez été lavés, mais vous avez été sanctifiés, mais vous avez été justifiés au nom du Seigneur Jésus-Christ, et par l'Esprit de notre Dieu." 1 Corinthiens 6:11 "*

Parfois, le sentiment de notre nature pécheresse nous afflige et il est vrai que le diable, notre accusateur s'efforce de nous écraser et nous faire déchoir de la foi. Alors souvenons-nous de ce qui est écrit :

> *"Car ceux qu'il a connus d'avance, il les a aussi prédestinés à être semblables à l'image de son Fils, afin que son Fils fût le premier-né entre plusieurs frères. Et ceux qu'il a prédestinés, il les a aussi appelés; et ceux qu'il a appelés, il les a aussi justifiés; et ceux qu'il a justifiés, il les a aussi glorifiés. Que dirons-nous donc à l'égard de ces choses? Si Dieu est pour nous, qui sera contre nous? Lui, qui n'a point épargné son propre Fils, mais qui l'a livré pour nous tous, comment ne nous donnera-t-il pas aussi toutes choses avec lui? Qui accusera les élus de Dieu? C'est Dieu qui justifie! Qui les condamnera? Christ est mort; bien plus, il est ressuscité, il est à la droite de Dieu, et il intercède pour nous! Qui nous séparera de l'amour de Christ? Sera-ce la tribulation, ou l'angoisse, ou la persécution, ou la faim, ou la nudité, ou le péril, ou l'épée? selon qu'il est écrit: C'est à cause de toi qu'on nous met à mort tout le jour, Qu'on nous regarde comme des brebis destinées à la boucherie. Mais dans toutes ces choses nous sommes plus que vainqueurs par celui qui nous a aimés. Car j'ai l'assurance que ni la mort ni la vie, ni les anges ni les dominations, ni les choses présentes ni les choses à venir, ni les puissances, ni la hauteur, ni la profondeur, ni aucune autre créature ne pourra nous séparer de l'amour de Dieu manifesté en Jésus-Christ notre Seigneur." Romains 8.29/39*

Dieu nous regarde comme ses enfants, à qui il a fait grâce et envers qui il use de bienveillance et de miséricorde chaque jour, pourvu que nous demeurions en Jésus-Christ.

> *"Voyez quel amour le Père nous a témoigné, pour que nous soyons appelés enfants de Dieu! Et nous le sommes. Si le monde ne nous connaît pas, c'est qu'il ne l'a pas connu Bien-aimés, nous sommes maintenant enfants de Dieu, et ce que nous serons n'a pas encore été manifesté; mais nous savons*

que, lorsque cela sera manifesté, nous serons semblables à lui, parce que nous le verrons tel qu'il est." 1 Jean 3:1/2

"Mais si nous marchons dans la lumière, comme il est lui-même dans la lumière, nous sommes mutuellement en communion, et le sang de Jésus son Fils nous purifie de tout péché. Si nous disons que nous n'avons pas de péché, nous nous séduisons nous-mêmes, et la vérité n'est point en nous. Si nous confessons nos péchés, il est fidèle et juste pour nous les pardonner, et pour nous purifier de toute iniquité. Si nous disons que nous n'avons pas péché, nous le faisons menteur, et sa parole n'est point en nous." 1 Jean 1.7/10

"Mes petits enfants, je vous écris ces choses, afin que vous ne péchiez point. Et si quelqu'un a péché, nous avons un avocat auprès du Père, Jésus-Christ le juste. Il est lui-même une victime expiatoire pour nos péchés, non seulement pour les nôtres, mais aussi pour ceux du monde entier." 1 Jean 2.1/2

Nous sommes maintenant enfants de Dieu : 1 Jean 3:2.

Il est vrai que nous sommes encore loin de la perfection de celui à qui nous sommes apelés à ressembler, Jésus notre Sauveur, mais rappelons-nous la vision du prophète Zacharie concernant Josué le souverain sacrificateur :

"Il me fit voir Josué, le souverain sacrificateur, debout devant l'ange de l'Éternel, et Satan qui se tenait à sa droite pour l'accuser. L'Éternel dit à Satan: Que Éternel te réprime, Satan! que l'Éternel te réprime, lui qui a choisi Jérusalem! N'est-ce pas là un tison arraché du feu? Or Josué était couvert de vêtements sales, et il se tenait debout devant l'ange. L'ange, prenant la parole, dit à ceux qui étaient devant lui: Ôtez-lui les vêtements sales! Puis il dit à Josué: Vois, je t'enlève ton iniquité, et je te revêts d'habits de fête. Je dis: Qu'on mette sur sa tête un turban pur! Et ils mirent un turban pur sur sa tête, et ils lui mirent des vêtements. L' ange de l'Éternel était là." Zacharie 3:1-5

Je ne sais pas pas qui sont vos accusateurs parmi les hommes, peut être aussi, hélas, parmi les chrétiens, mais il y a trois choses dont je suis certain :

1- Notre accusateur principal et permanent, c'est le diable : Apocalypse 12:10,

2- Nous avons un avocat auprès de Dieu, Jésus-Christ le juste.1 Jean 2:1,

3- Celui qui nous justifie, c'est Dieu. Romains 8:33 *"Qui accusera les élus de Dieu? C'est Dieu qui justifie!"*

Dieu nous a revêtus d'un vêtement propre, qui n'est pas de notre fabrication. Lorsque Adam et Ève essayaient vainement de cacher leur nudité, L'Éternel Dieu leur confectionna des habits de peau et il les en revêtit : Genèse 3:21. De même Dieu nous revêt d'un vêtement de justice qui est l'œuvre de son Fils, notre Seigneur Jésus-Christ.

> *"vous tous, qui avez été baptisés en Christ, vous avez revêtu Christ." Galates 3:27*

> *"Celui qui n'a point connu le péché, il l'a fait devenir péché pour nous, afin que nous devenions en lui justice de Dieu." 2 Corinthiens 5:21*

> *"Après cela, je regardai, et voici, il y avait une grande foule, que personne ne pouvait compter, de toute nation, de toute tribu, de tout peuple, et de toute langue. Ils se tenaient devant le trône et devant l'agneau, revêtus de robes blanches, et des palmes dans leurs mains." Apocalypse 7:9*

> *Donc Dieu voit ceux qui croient en Jésus-Christ, lavés et purifiés par son sang, vêtus d'un nouveau vêtement, la propre justice de Christ. "... ils ont lavé leurs robes, et ils les ont blanchies dans le sang de l'agneau." Apocalypse 7:14*

Alors, demeurons en lui afin que nous paraissions vêtus de blanc.

> *"Mais si nous marchons dans la lumière, comme il est lui-même dans la lumière, nous sommes mutuellement en communion, et le sang de Jésus son Fils nous purifie de tout péché." 1 Jean 1:7*

> *"Celui qui vaincra sera revêtu ainsi de vêtements blancs; je n'effacerai point son nom du livre de vie, et je confesserai son nom devant mon Père et devant ses anges." Apocalypse 3:5*

Chapitre 9 - Le regard de Dieu sur l'Eglise

Qu'elle est la vision de Dieu concernant l'Église ? Comment voit-il, d'une part, l'Église de son fils Jésus-Christ et, d'autre part, tous les rassemblements chrétiens, groupes, assemblées, églises locales, dans tous les pays, les villes, les villages, les lieux de prière ou de réunion, locaux divers, temples, chapelles, "bâtiments d'églises", lieux publics ou maisons particulières ?

La vision de Dieu est certainement différente de la nôtre. Même si nous avons quelques notions justes de ce qu'est l'Église et les églises, notre connaissance est limitée et déformée, comme je l'ai déjà écrit. J'entre ici dans un sujet délicat mais je vais m'efforcer de le traiter selon la façon dont je comprends cette vision de Dieu, en me référant aux Écritures. J'ai souvent écrit sur le thème de l'Église. Vous pouvez trouver les articles dans le sommaire de pasteurweb : Église.

Lorsque nous étudions ce qui concerne l'Église, il y a des éléments qu' il faut prendre en compte dès le début :

De quelle Église parlons nous ? Qui composent l'Église ? Quelle est sa raison d'être sur la terre ? Quelle est sa destinée éternelle ? Qui est l'Église ou qu'est-ce que l'Église ?

Je suis toujours émerveillé de voir la sagesse de Dieu dans la façon dont il construit les choses, que ce soit pour la création du monde, la formation du peuple d'Israël et celle de l'Église de son fils Jésus-Christ. L'apôtre Paul écrit que l'Église, dans sa relation avec Christ son Seigneur, est un mystère que Dieu nous révèle.

> *"Ce mystère est grand; je dis cela par rapport à Christ et à l'Église."*
> *Éphésiens 5:32.*

C'est donc une chose encore voilée que nous essayons de découvrir avec respect et humilité, mais aussi avec confiance et hardiesse.

Selon ce qui est écrit, l'Église de Jésus-Christ, qu'il construit lui-même, est l'ensemble de ceux qui sont sauvés par sa grâce : Tite 3.4/7.

> *"Et le Seigneur ajoutait chaque jour à l'Église ceux qui étaient sauvés."*
> *Actes 2:47*

L'Église est dans le monde comme le Royaume de Dieu dont Jésus parle en Matthieu 13.44/47 : *Un trésor caché dans un champ, une perle de grand prix, une filet plein de poissons.*

Elle n'apparaît pas comme une organisation ou une religion unique, unie et visible. Toutes les dénominations chrétiennes rassemblées ne nous en donneraient pas une image exacte.

Elle est plutôt comme le blé dans un champ où il y a aussi l'ivraie : Matthieu 13.36/43. Le Seigneur donne l'explication de cette parabole d'une manière claire. Tout ce qui pousse dans le champs n'est pas de la bonne semence !

La situations des uns et des autres deviendra claire à un moment donné :

> *Laissez croître ensemble l'un et l'autre jusqu'à la moisson, et, à l'époque de la moisson, je dirai aux moissonneurs: Arrachez d'abord l'ivraie, et liez-la en gerbes pour la brûler, mais amassez le blé dans mon grenier. Matthieu 13:30*

On dit parfois que dans les églises il y a de la bonne semence et aussi de l'ivraie et qu'il ne fallait pas juger avant la fin du monde. Cependant, l'apôtre Paul écrit :

> "Ôtez le méchant du milieu de vous." 1 Corinthiens 5:1-13.

Il faut être attentif à l'explication de Jésus : "le champ c'est le monde." Ce n'est donc pas l'Église, qui elle est dans le monde, mais n'est pas du monde. Est-ce à dire qu'il n'y a pas d'ivraie dans l'Église ? Si hélas !.. Mais l'église est chargée de mettre de l'ordre dans sa maison.

> *"Si ton frère a péché, va et reprends-le entre toi et lui seul. S'il t'écoute, tu as gagné ton frère. Mais, s'il ne t'écoute pas, prends avec toi une ou deux personnes, afin que toute l'affaire se règle sur la déclaration de deux ou de trois témoins. S'il refuse de les écouter, dis-le à l'Église; et s'il refuse aussi d'écouter l'Église, qu'il soit pour toi comme un païen et un publicain. Matthieu 18:15-17*

> *"Maintenant, ce que je vous ai écrit, c'est de ne pas avoir des relations avec quelqu' un qui, se nommant frère, est impudique, ou cupide, ou idolâtre, ou outrageux, ou ivrogne, ou ravisseur, de ne pas même manger avec un tel homme. Qu'ai-je, en effet, à juger ceux du dehors? N'est-ce pas ceux du dedans que vous avez à juger? Pour ceux du dehors, Dieu les juge.*

Ôtez le méchant du milieu de vous." 1 Corinthiens 5:11-13

Nous n'avons pas à juger ceux du dehors, mais ceux du dedans, c'est à dire exercer dans les églises la vigilance et la discipline enseignée par le Seigneur.

Ceci étant dit, voici ce que Jésus enseigne concernant la situation de l'Église dans le monde, telle que Dieu voit les choses.

Jésus dit que la bonne semence qu'il sème dans le monde sont les fils du royaume de Dieu.

Celui qui sème la bonne semence, c'est le Fils de l'homme; le champ, c'est le monde; la bonne semence, ce sont les fils du royaume. Matthieu 13.37

Nous comprenons ce que Jésus veut dire : Les fils du royaume ce sont les enfants de Dieu, nés de Dieu, comme il est encore écrit :

"Mais à tous ceux qui l'ont reçue, à ceux qui croient en son nom, elle a donné le pouvoir de devenir enfants de Dieu, lesquels sont nés, non du sang, ni de la volonté de la chair, ni de la volonté de l'homme, mais de Dieu. Jean 1.12/13.

Ces fils du royaume n'appartiennent pas tous à une même organisation ou dénomination chrétienne. L'Église n'est pas un corps que l'on peut situer physiquement ou géographiquement.

Selon la conception évangélique de l'Eglise il n'existe pas ce que l'on appelle "une église nationale". Dans un pays il existe de nombreuses "églises" très différentes. Beaucoup de ces églises appartiennent à un système religieux ou une organisation qui les regroupe sous le nom de telle ou telle dénominations.

Les fils du royaume se trouvent çà et là, disséminés dans le monde, dans lequel se trouve aussi l'ivraie, les fils du malin c'est à dire tous ceux qui sont encore sous l'empire du diable, dans les ténèbres, hors du Royaume de Dieu. Ce sont ceux vers lesquels nous sommes envoyés afin de leur ouvrir les yeux.

"... afin que tu leur ouvres les yeux, pour qu'ils passent des ténèbres à la lumière et de la puissance de Satan à Dieu, pour qu'ils reçoivent, par la foi en moi, le pardon des péchés et l'héritage avec les sanctifiés." Actes 26:18

Aujourd'hui, dans le monde, l'Église peut nous paraître comme une vaste nébuleuse dont nous ne distinguons pas avec précision ceux qui la composent, c'est pourquoi Jésus dit que la sélection se fera à la fin du monde.

> *"la moisson, c'est la fin du monde; les moissonneurs, ce sont les anges. Or, comme on arrache l'ivraie et qu'on la jette au feu, il en sera de même à la fin du monde. Le Fils de l'homme enverra ses anges, qui arracheront de son royaume tous les scandales et ceux qui commettent l'iniquité: et ils les jetteront dans la fournaise ardente, où il y aura des pleurs et des grincements de dents. Alors les justes resplendiront comme le soleil dans le royaume de leur Père. Que celui qui a des oreilles pour entendre entende."*
> Matthieu 13:39

Dieu voit l'Eglise

Il a la vision nette, précise, de l'Église dans le monde :

> *"Néanmoins, le solide fondement de Dieu reste debout, avec ces paroles qui lui servent de sceau: Le Seigneur connaît ceux qui lui appartiennent; et: Quiconque prononce le nom du Seigneur, qu'il s'éloigne de l'iniquité."*
> 2 Timothée 2:19

L'apôtre Paul écrit que ceux qui appartiennent à Dieu s'éloignent de l'iniquité et que c'est là le fondement qui les fait reconnaître aux yeux du Seigneur. Nous avons un critère pour reconnaître les faux prophètes, ou les faux ouvriers, ainsi que les faux disciples, selon ce que dit Jésus :

"Vous les reconnaîtrez à leurs fruits. Cueille-t-on des raisins sur des épines, ou des figues sur des chardons?" Matthieu 7:16/20

Dieu voit l'Eglise comme :

. Sa maison en construction
. Le corps de Christ, en croissance
. L'épouse de son Fils, en préparation
. L'Église de Jésus-Christ, en formation
. une moisson prête à être engrangée

L'apôtre Paul donne un précieux conseil :

> *"C'est pourquoi ne jugez de rien avant le temps, jusqu'à ce que vienne le Seigneur, qui mettra en lumière ce qui est caché dans les ténèbres, et qui manifestera les desseins des cœurs. Alors chacun recevra de Dieu la louange qui lui sera due."* 1 Corinthiens 4:5.

Les églises

Si nous pouvions avoir par satellite la vision géographique de toutes les églises sur la terre, nous les verrions comme autant de pièces de puzzle dispersées. Déjà dans une ville moyenne ou une région de France, sans parler des autres pays, il existe de nombreux groupes de chrétiens qui se réunissent sous divers noms, chacun pensant qu'il est l'unique ou tout au moins le principal ou le meilleur représentant de l'Eglise de Christ dans sa ville, son quartier ou son village.

J'ai eu cette pensée de l'Eglise comme un vaste puzzle aux pièces dispersées, au cours d'un culte où nous nous trouvions et j'en ai éprouvé une profonde tristesse. Chaque pièce d'un puzzle est faite pour s'imbriquer dans une autre et ainsi de suite jusqu'à ce que l'image, le visage ou le tableau soit entièrement recomposé. Or est-ce que les églises, si diverses aujourd'hui, qui se réclament toutes de Christ, sont conçues pour être réunies les unes aux autres ?

Chacune de ces églises a ses propres marques : théologie, doctrine, liturgie, forme de culte, conception et lecture ou compréhension différente de la Bible. Certaines se proclament la vraie ou se croient la meilleure. Or, parmi toute cette profusion de noms, de conceptions et de pratiques, il y a "les églises de Dieu", "les églises de Christ", avec leurs imperfections, leurs erreurs, leurs péchés, mais aussi la grâce, la miséricorde, la patience de Dieu sur chacune et, pour la plupart, des choses bonnes, qu'il faut discerner et retenir.

Elles sont très diverses et se présentent sous des formes différentes. Cela peut être une assemblée de plusieurs milliers de personnes ou d'une centaine, c'est parfois un petit groupe dans une maison ou une famille.

Ces églises ne sont pas éternelles. Certaines ont disparues depuis longtemps, remplacées par d'autres. Cependant, l'Église de Jésus-Christ traverse les siècles, les générations, ici-bas et dans le ciel elle demeure pour l'éternité.

Le danger, c'est un jugement radical et sans appel sur ces différentes églises, selon la façon dont nous les regardons, avec nos a priori, la partialité de nos jugements, nos sentiments plus ou moins favorables.

Lorsque nous examinons les églises citées dans le Nouveau Testament, nous remarquons qu'à peu près dans toutes, il y avait des choses à déplorer, mais aussi de bonnes choses.

Nous pouvons avoir une idée de la façon dont Dieu voit les églises en lisant les épîtres du Nouveau Testament qui renferment de nombreuses exhortations à la patience, au support mutuel, à la miséricorde, au pardon réciproque. Mais aussi à la répréhension, aux avertissements, à la fermeté, etc...

Tout cela nous fait comprendre qu'autrefois, comme aujourd'hui, les églises avaient leurs bons et leurs mauvais cotés, leurs qualités et leurs défauts, mais qu'aucune n'était rejetée par le Seigneur.

La vision de Dieu

Une caractéristique de la façon dont Dieu voit les choses c'est sa perspective. Plus on est élevé plus l'horizon s'élargit et plus le regard s'étend au loin. Dieu est assis sur un trône très élevé, cela veut dire que, non seulement, il est au-dessus de toutes choses, mais encore que son regard englobe tout.

> *Éternel regarde du haut des cieux, Il voit tous les fils de l'homme; Du lieu de sa demeure il observe Tous les habitants de la terre, Lui qui forme leur cœur à tous, Qui est attentif à toutes leurs actions." Psaume 33:13-15*

De plus, Il n'est pas limité par un corps ou des contraintes physiques. Dieu est esprit, ce qui ne l'empêche pas de voir ce qui est physique et matière. Et puis sa vision est spirituelle, tandis que la nôtre est trop souvent charnelle.

> *"Ne dites-vous pas qu'il y a encore quatre mois jusqu'à la moisson? Voici, je vous le dis, levez les yeux, et regardez les champs qui déjà blanchissent pour la moisson." Jean 4:35*

Dieu veut nous faire partager sa vision. Mais pour cela nous avons besoin de nous élever spirituellement.

> *"Moïse monta des plaines de Moab sur le mont Nebo, au sommet du Pisga, vis-à-vis de Jéricho. Et Éternel lui fit voir tout le pays:" Deutéronome 34:1*

Dans la Bible il est souvent question d'élever notre âme vers Dieu et de venir en sa présence. Comme je l'écris dans le chapitre "Intimité avec Dieu" : C'est dans sa présence intime que nous recevrons ses confidences, que nous apprendrons a voir les choses comme il les voit.

Dieu voit encore l'Eglise de Christ comme un filet rempli de poissons dont le contenu va être trié.

> *"Le royaume des cieux est encore semblable à un filet jeté dans la mer et ramassant des poissons de toute espèce. Quand il est rempli, les pêcheurs le tirent; et, après s'être assis sur le rivage, ils mettent dans des vases ce qui est bon, et ils jettent ce qui est mauvais. Il en sera de même à la fin du monde. Les anges viendront séparer les méchants d'avec les justes, et ils les jetteront dans la fournaise ardente, où il y aura des pleurs et des grincements de dents." Matthieu 13:47-50*

Après le tri final, quand la bonne semence aura été séparée de l'Ivraie, quand ce qui est bon aura été mis à part, l'Eglise paraîtra telle que le Seigneur l'a montrée à Jean dans la vision décrite dans le livre de l'apocalypse :

"Et je vis descendre du ciel, d'auprès de Dieu, la ville sainte, la nouvelle Jérusalem, préparée comme une épouse qui s'est parée pour son époux." Apocalypse 21:2

"... glorieuse, sans tache, ni ride, ni rien de semblable, mais sainte et irrépréhensible." Éphésiens 5:27

"Puis un des sept anges qui tenaient les sept coupes remplies des sept derniers fléaux vint, et il m'adressa la parole, en disant: Viens, je te montrerai l'épouse, la femme de l'agneau. Et il me transporta en esprit sur une grande et haute montagne. Et il me montra la ville sainte, Jérusalem, qui descendait du ciel d'auprès de Dieu, ayant la gloire de Dieu. Son éclat était semblable à celui d'une pierre très précieuse, d'une pierre de jaspe transparente comme du cristal." Apocalypse : 21:9-11

Chapitre 10 - Le regard de Dieu sur toi et moi

Ouvrons ce chapitre avec une parole de Dieu à David : *Je t'instruirai et te montrerai la voie que tu dois suivre; Je te conseillerai, j'aurai le regard sur toi. Psaume 32.8*

Retenons bien ce que le Seigneur dit : J'aurais le regard sur toi !

Cette parole signifie beaucoup de choses.

Premièrement, Dieu fais connaitre à David qu'il va désormais le conduire par ses instructions, par une direction évidente et par des conseils. Pour cela le Seigneur va veiller sur son serviteur, Il va garder les yeux sur lui afin lui éviter de s'écarter de la bonne voie.

En cela nous pouvons déjà affirmer que Dieu répond au désir de David qui a prié dans ce sens :

*Conduis-moi dans ta vérité, et instruis-moi; Car tu es le Dieu de mon salut,
Tu es toujours mon espérance. Psaumes 25:5*

Regarde si je suis sur un chemin dangereux, et conduis–moi sur ton chemin, ce chemin qui est sûr pour toujours. Psaumes 139:24

Dieu veille sur nous afin que nous ne nous écartions pas de ses voies et si nous nous éloignons il sait comment nous ramener. C'est la première pensée qui émane de cette parole : J'aurais le regard sur toi

Ensuite le fait que les yeux du Seigneur sont sur nous indique qu'il est toujours près à nous secourir :

Car l'Eternel étend ses regards sur toute la terre, pour soutenir ceux dont le cœur est tout entier à lui. 2 Chroniques 16:9

Pour Dieu nous ne sommes pas un anonyme, un cas, un dossier, un numéro, mais une personne qu'il connaît et qu'il regarde en particulier. Comme un père qui, malgré le nombre de ses enfants, connaît et regarde chacun attentivement.

David était pleinement conscient du regard de Dieu sur lui :

> *"Éternel! tu me sondes et tu me connais, Tu sais quand je m'assieds et quand je me lève, Tu pénètres de loin ma pensée; Tu sais quand je marche et quand je me couche, Et tu pénètres toutes mes voies. Psaume 139.2 Chroniques 16:9*

La Bible, Parole de Dieu, nous instruit sur la façon dont Dieu nous regarde personnellement. Il dit en substance à Noé :

> *"J'ai été attentif à la façon dont tu marches avec moi et je viens te donner des instructions pour te sauver toi et ta famille, car je vais détruire le monde." Genèse 6:9, 7:1.*

Il fait comprendre à Abraham :

> *"Je te considère comme mon ami, je vais être ton compagnon de route, je vais te bénir, toi et les tiens, marche devant moi et sois intègre." Genèse 12:1-3, 17:1-8 - Jacques 2:23.*

Un homme fut un jour surpris que Jésus savait qui il était :

> *Jésus, voyant venir à lui Nathanaël, dit de lui: Voici vraiment un Israélite, dans lequel il n'y a point de fraude.*
>
> *D'où me connais-tu? lui dit Nathanaël. Jésus lui répondit: Avant que Philippe t'appelât, quand tu étais sous le figuier, je t'ai vu. Jean 1.47*

Dieu nous a vu bien avant que nous le connaissions. Il dit à Jérémie son futur prophète : *"Avant que je t'eusse formé dans le ventre de ta mère, je te connaissais, et avant que tu fusses sorti de son sein, je t'avais consacré, je t'avais établi prophète des nations." Jérémie 1:5*

Le psalmiste David savait le reconnaître et se l'appliquer personnellement, c'est aussi cela la foi : *"Mon corps n'était point caché devant toi, Lorsque j'ai été fait dans un lieu secret, Tissé dans les profondeurs de la terre. Quand je n'étais qu'une masse informe, tes yeux me voyaient; Et sur ton livre étaient tous inscrits Les jours qui m'étaient destinés, Avant qu'aucun d'eux existât." Psaume 139.15*

L'apôtre Paul dit que le Seigneur l'avait mis à part dès le sein de sa mère : Galates 1.15.

Ne croyez pas que c'est exceptionnel. Cette parole est pour chacun de nous : "Avant que je t'eusse formé dans le ventre de ta mère, je te connaissais."

Il y a une expression qui revient souvent dans le témoignage de ceux qui se sont réellement convertis : "J'ai rencontré le Seigneur."

C'est un sentiment très personnel d'une expérience réelle que nous avons vécue à un moment précis avec le Seigneur Jésus-Christ. Mais cela ne doit pas être qu'une expérience passée. Le Seigneur nous regarde toi et moi personnellement et désir vivre avec nous une relation intime et particulière.

Beaucoup de gens sont "fatalistes" : "mektoub" : exclamation qui résume le fatalisme musulman = c'est écrit. On entend souvent dire : cela devait arriver, c'est comme ça, on y peut rien !

Que des incrédules puissent parler ainsi, on peut le comprendre, mais les enfants de Dieu doivent avoir une conception plus élevée et juste de la façon dont leur Père céleste les regarde et veille sur eux chaque jour. *"Votre Père sait de quoi vous avez besoin, avant que vous le lui demandiez." Matthieu 6:8.*

    "Lui-même prend soin de vous." 1 Pierre 5:7.

Dieu lui-même a dit :

    "Je ne te délaisserai point, et je ne t'abandonnerai point." Hébreux 13:5.

Il est encore écrit : *Car l'Eternel étend ses regards sur toute la terre, pour soutenir ceux dont le coeur est tout entier à lui. 2 Chroniques 16:9*

Certains chrétiens n'ont pas assez de foi ou de simplicité pour confier leur destin à Dieu. Ils pensent pouvoir gérer leur vie en fonction de leur sagesse, de leur intelligence, de leurs compétences et ... des circonstances.

Mais Dieu n'est pas indifférent. Il s'intéresse à chaque instant de notre vie terrestre. Il n'est pas seulement le Dieu qui a prévu un avenir éternel dans le ciel, ou dans sa nouvelle création. Il veille et prend soin des siens dès maintenant sur la terre et pour les choses quotidiennes qui font notre vie : notre mari, notre femme, notre famille, notre profession, le lieu où il préférable que nous habitions, etc. A ce sujet, il nous recommande de lui confier nos projets et d'accepter de dépendre de Lui :

> "A vous maintenant, qui dites: Aujourd'hui ou demain nous irons dans telle ville, nous y passerons une année, nous trafiquerons, et nous gagnerons! Vous qui ne savez pas ce qui arrivera demain! car, qu'est-ce que votre vie? Vous êtes une vapeur qui paraît pour un peu de temps, et qui ensuite disparaît. Vous devriez dire, au contraire: Si Dieu le veut, nous vivrons, et nous ferons ceci ou cela." Jacques 4:13-15

Il y a tellement d'exhortations pour confier notre vie à Dieu et s'attendre à ce qu'il nous conseille, nous instruise, nous dirige :

> "Confie-toi en l'Éternel de tout ton cœur, Et ne t'appuie pas sur ta sagesse; Reconnais-le dans toutes tes voies, Et il aplanira tes sentiers." Proverbes 3.5/6

> "Recommande à l'Éternel tes oeuvres, Et tes projets réussiront" Proverbes 16:3

> "Fais de l'Éternel tes délices, Et il te donnera ce que ton cœur désire. Recommande ton sort à l'Éternel, Mets en lui ta confiance, et il agira." Psaume 37.4/5

C'est vrai pour ce qui nous concerne en rapport avec son royaume, mais aussi pour toutes les circonstances de notre existence ici-bas, si nous aimons Dieu :

> "Nous savons, du reste, que toutes choses concourent au bien de ceux qui aiment Dieu, de ceux qui sont appelés selon son dessein." Romains 8:28

Où me veut-il ? Que veut-il que je fasse ? Où désire-t-il que j'habite ? Quelle est ma place dans son œuvre ?

Nous ne devons pas croire que notre vie est une barque qui se déplace au gré du vent ou des flots, c'est à dire des circonstances. Au contraire, nous devons vouloir que le Seigneur soit au gouvernail pour tout diriger. C'est comme cela qu'il voit les choses pour nous. Il désire nous rendre heureux et utiles. Il a des projets pour toi et moi.

> "Car je connais les projets que j'ai formés sur vous, dit l'Éternel, projets de paix et non de malheur, afin de vous donner un avenir et de l'espérance." Jérémie 29:11

Bien sûr, cela n'empêche pas les initiatives personnelles. Nous ne sommes pas des robots programmés et entièrement conditionnés pour des taches précises. Dieu a doté les humains d'intelligence et d'une volonté propre. Mais nous devons accepter que nous avons besoin du conseil, des instructions, des directives de Dieu. Nous devons accepter de lui soumettre nos projets, nos décisions, notre volonté. Il nous faut désirer la direction de Dieu et le lui demander. Le psalmiste priait ainsi :

> *"Mais en toi je me confie, ô Éternel! Je dis: Tu es mon Dieu! Mes destinées sont dans ta main." Psaume 31:14-15.*

> *"Fais-moi dès le matin entendre ta bonté! Car je me confie en toi. Fais-moi connaître le chemin où je dois marcher! Car j'élève à toi mon âme." Psaume 143:8.*

Il y a peut être quelques chose qui nous gêne en pensant à ce regard pénétrant de Dieu dont parle David : Tu me sonde et tu me connais... Psaume 139

Comment Dieu voit-il mes péchés ?

Si nous sommes honnête envers lui il n'y a aucune crainte à avoir ... Il nous a pardonné

> *Si nous confessons nos péchés, il est fidèle et juste pour nous les pardonner, et pour nous purifier de toute iniquité. 1 Jean 1:9*

Lorsqu'il nous a pardonné il nous voit lavés, purifiés, justifiés, blancs comme la neige, par le sang de Jésus, son Fils :

> *"Mais si nous marchons dans la lumière, comme il est lui-même dans la lumière, nous sommes mutuellement en communion, et le sang de Jésus son Fils nous purifie de tout péché." 1 Jean 1:7*

> *"Mais vous avez été lavés, mais vous avez été sanctifiés, mais vous avez été justifiés au nom du Seigneur Jésus-Christ, et par l'Esprit de notre Dieu." 1 Corinthiens 6:11*

Ne portez plus votre culpabilité, comme un fardeau qui vous courbe chaque jour, mais considérez que Dieu votre Père céleste vous a pardonné et entièrement libérés.
> *"Il n'y a donc maintenant aucune condamnation pour ceux qui sont en Jésus-Christ." Romains 8:1*

Un jour un frère me remit un petit papier sur lequel ce verset était écrit :

"J'ai déchargé son épaule du fardeau, Et ses mains ont lâché la corbeille." Psaumes 81:6.

Dieu me faisait à nouveau comprendre qu'il m'avait libéré de ma servitude. Certaines paroles arrivent au bon moment et c'est encore une grâce de Dieu qui voit nos découragements.

Ecoutez encore celles ci :

"Si vos péchés sont comme le cramoisi, ils deviendront blancs comme la neige; S'ils sont rouges comme la pourpre, ils deviendront comme la laine." Esaïe 1:18

"Autant l'orient est éloigné de l'occident, Autant il éloigne de nous nos transgressions." Psaumes 103:12

"C'est moi, moi qui efface tes transgressions pour l'amour de moi, Et je ne me souviendrai plus de tes péchés." Esaïe 43:25

Vous avez bien lu : Et je ne me souviendrai plus de tes péchés

Dieu nous regarde comme ses enfants

"Je serai pour vous un père, Et vous serez pour moi des fils et des filles, Dit le Seigneur tout-puissant." 2 Corinthiens 6:18

Quel encouragement extraordinaire : nous sommes maintenant enfants de Dieu. Soyons conscients de ce merveilleux privilège :

"Voyez quel amour le Père nous a témoigné, pour que nous soyons appelés enfants de Dieu! Et nous le sommes. Si le monde ne nous connaît pas, c'est qu'il ne l'a pas connu." 1 Jean 3:1

Bien-aimés, nous sommes maintenant enfants de Dieu, et ce que nous serons n'a pas encore été manifesté; mais nous savons que, lorsque cela sera manifesté, nous serons semblables à lui, parce que nous le verrons tel qu'il est." 1 Jean 3:2 "

Voici quelques passages qui sont très importants, concernant notre nouvelle identité en Jésus-Christ :

"Mais à tous ceux qui l'ont reçue, à ceux qui croient en son nom, elle a donné le pouvoir de devenir enfants de Dieu," Jean 1:12

"car tous ceux qui sont conduits par l'Esprit de Dieu sont fils de Dieu." Romains 8:14/17

"Et vous n'avez point reçu un esprit de servitude, pour être encore dans la crainte; mais vous avez reçu un Esprit d'adoption, par lequel nous crions: Abba! Père! L'Esprit lui-même rend témoignage à notre esprit que nous sommes enfants de Dieu. Or, si nous sommes enfants, nous sommes aussi héritiers: héritiers de Dieu, et cohéritiers de Christ, si toutefois nous souffrons avec lui, afin d'être glorifiés avec lui." Romains 8:15/17

"Car vous êtes tous fils de Dieu par la foi en Jésus-Christ." Galates 3:26

Dieu nous regarde avec miséricorde

Dieu est un Père autrement plus aimant qu'un père naturel.

> *"L'Éternel est miséricordieux et compatissant, Lent à la colère et riche en bonté; Il ne conteste pas sans cesse, Il ne garde pas sa colère à toujours; Il ne nous traite pas selon nos péchés, Il ne nous punit pas selon nos iniquités. Mais autant les cieux sont élevés au-dessus de la terre, Autant sa bonté est grande pour ceux qui le craignent; Autant l'orient est éloigné de l'occident, Autant il éloigne de nous nos transgressions. Comme un père a compassion de ses enfants, L'Éternel a compassion de ceux qui le craignent. Car il sait de quoi nous sommes formés, Il se souvient que nous sommes poussière." Psaume 103.8/14*

J'en ai assez d'entendre parler de Dieu par des gens qui ne le connaissent pas. Ils le présentent sans cesse avec un bâton à la main, comme le père fouettard, qui est toujours prêt à sévir, qui n'oublie et ne nous passe rien.

Certes, notre Père céleste nous châtie, mais avec équité, miséricorde et compassion :

> *"L'Éternel est miséricordieux et compatissant, Lent à la colère et riche en bonté; Il ne conteste pas sans cesse, Il ne garde pas sa colère à toujours; Il ne nous traite pas selon nos péchés, Il ne nous punit pas selon nos iniquités."*

Il faut parler de la sévérité de Dieu, mais avec équité : *"Considère donc la bonté et la sévérité de Dieu: sévérité envers ceux qui sont tombés, et bonté de Dieu envers toi, si tu demeures ferme dans cette bonté" Romains 11:22*

Si nous faisons ce qui est mal, Dieu ne peut nous laisser impunis, mais il nous châtie avec mesure et nous pardonne lorsque nous revenons vers lui humblement.

Avec mon épouse, nous nous trouvions un jour face à trois "serviteurs de Dieu", se comportant en juges accusateurs, nous traitant avec dureté. Il n'y avait là aucun avocat pour la défense, du moins pas visible. A un moment de l'entretien, l'un deux, le plus rigide, prit sur son bureau un petit livre qu'il ouvrit au hasard, c'était "Les trésors de la foi" ou Méditations quotidiennes de C H. Spurgeon, et voici le verset qui introduisait cette méditation :

"Je te châtierai avec mesure" Jérémie 30:11 (version Darby).

Indépendamment de la volonté de ces trois hommes, Jésus notre Avocat a envoyé son ange qui a tourné la page au bon endroit. Que son Nom soit béni.

Nous savions que le Seigneur ne pouvait pas nous tenir pour innocents et quelques temps auparavant j'avais déjà reçu ce passage comme un encouragement de Dieu et je savais à quoi m'en tenir. *Je ne te tiens pas pour innocent mais je ne te détruirai pas, te corrigerai avec mesure ou, selon la version Segond : "Je te châtierai avec équité, Je ne puis pas te laisser impuni."*

Dieu avait les yeux sur nous ce jour, comme toujours et il est venu à notre secours.
Conclusion

Il y a tellement à dire et à réfléchir sur la façon dont Dieu nous regarde toi qui me lis maintenant et moi qui ai écris ces lignes, il y a déjà quelques temps. Aussi je vous laisse méditer à ce sujet et découvrir toutes les raisons du bonheur des enfants de Dieu. Jésus lui-même nous appelle ses frères, lorsqu'il dit : *"J'annoncerai ton nom à mes frères, Je te célébrerai au milieu de l'assemblée." Hébreux 2:12.*

Le regard de Dieu sur nous va bien au-delà de notre simple vie d'ici-bas. Il se projette dans notre avenir éternel. Il nous a préparé une cité :

"Mais notre cité à nous est dans les cieux, d'où nous attendons aussi comme Sauveur le Seigneur Jésus-Christ." Hébreux 11:16

"Il nous a destinés à être semblables à son Fils, notre Seigneur Jésus-Christ." Philippiens 3:20

"Car ceux qu'il a connus d'avance, il les a aussi prédestinés à être semblables à l'image de son Fils, afin que son Fils fût le premier-né entre plusieurs frères." Romains 8:29

"Il transformera le corps de notre humiliation, en le rendant semblable au corps de sa gloire, par le pouvoir qu'il a de s'assujettir toutes choses." Philippiens 3:21.

Léopold Guyot, pasteurweb

Oui, je veux morebooks!

i want morebooks!

Buy your books fast and straightforward online - at one of world's fastest growing online book stores! Environmentally sound due to Print-on-Demand technologies.

Buy your books online at

www.get-morebooks.com

Achetez vos livres en ligne, vite et bien, sur l'une des librairies en ligne les plus performantes au monde!
En protégeant nos ressources et notre environnement grâce à l'impression à la demande.

La librairie en ligne pour acheter plus vite

www.morebooks.fr

VDM Verlagsservicegesellschaft mbH
Heinrich-Böcking-Str. 6-8   Telefon: +49 681 3720 174   info@vdm-vsg.de
D - 66121 Saarbrücken   Telefax: +49 681 3720 1749   www.vdm-vsg.de

www.ingramcontent.com/pod-product-compliance
Lightning Source LLC
Chambersburg PA
CBHW020809160426
43192CB00006B/501